FRENCH PASSAGES
FOR
TRANSLATION

T0371491

FRENCH PASSAGES FOR TRANSLATION

SELECTED BY

R. L. GRÆME RITCHIE, D.Litt., LL.D.

AND

CLAUDINE I. SIMONS, Ph.D.

CAMBRIDGE

AT THE UNIVERSITY PRESS

1954

CAMBRIDGE
UNIVERSITY PRESS

University Printing House, Cambridge CB2 8BS, United Kingdom

Cambridge University Press is part of the University of Cambridge.

It furthers the University's mission by disseminating knowledge in the pursuit of
education, learning and research at the highest international levels of excellence.

www.cambridge.org
Information on this title: www.cambridge.org/9781316601778

© Cambridge University Press 1954

This publication is in copyright. Subject to statutory exception
and to the provisions of relevant collective licensing agreements,
no reproduction of any part may take place without the written
permission of Cambridge University Press.

First edition 1941
Reprinted 1948, 1949, (with corrections) 1954
First paperback edition 2015

A catalogue record for this publication is available from the British Library

ISBN 978-1-316-60177-8 Paperback

Cambridge University Press has no responsibility for the persistence or accuracy
of URLs for external or third-party internet websites referred to in this publication,
and does not guarantee that any content on such websites is, or will remain,
accurate or appropriate.

CONTENTS

PREFACE

The passages are selected from a much larger number which we have used at various times, in the ordinary course of duty, as examiners and teachers.

The grade of difficulty is indicated by asterisks according to the Examinations for which they seem suitable and in which many of them have actually figured:

* = 'Easy' = Higher School Certificate.
** = 'Moderately difficult' = University Pass Degree.
*** = 'Difficult' = University Final Honours, Home and Indian Civil Service, Foreign Office, etc.
**** = 'Very difficult' = *** above, although probably more useful as preparatory exercises done at leisure than as tests in any written examination.

'Difficulty', however, cannot be so precisely defined as the use of asterisks may suggest. It depends to some extent on the examiner's expectations and the degree of exactness required in a translation. It depends also on the candidate's alertness and maturity of mind as well as on his knowledge of French and English. The passages in the 'Philosophical and Reflective' section are in this sense more difficult than those termed 'Descriptive', which yet contain harder words. Many of the passages could in fact be used as quite a fair test at any one of the above-mentioned examinations or as a means of preparation for it.

'Easy' is also a relative term. We should not ourselves care to calculate the number of hours we have spent in endeavouring to translate passages classified here, quite correctly, as 'easy'.

Of our 160 passages, 78 (with the same numbering as here) are rendered and fully discussed in our *Essays in*

Translation from French (Cambridge University Press),
which, to that extent, will serve as a Key to the present
volume. The 35 Additional Passages (126–160) are pieces
which could not be fitted into the framework or the
numbering of that book.

R. L. G. R.
C. I. S.

March, 1941

FRENCH PASSAGES FOR TRANSLATION

* Easy.   ** Moderately difficult.   *** Difficult.
**** Very difficult.

I. *DESCRIPTIVE*

1**. L'AUTOMNE

Autour du jeune passant solitaire, qui montait si vite sans peine et dont la marche en espadrilles ne s'entendait pas, des lointains, toujours plus profonds, se creusaient de tous côtés, très estompés de crépuscule et de brume.

L'automne, l'automne s'indiquait partout. Les maïs, herbages des lieux bas, si magnifiquement verts au printemps, étalaient des nuances de paille morte au fond des vallées, et, sur tous les sommets, des hêtres s'effeuillaient. L'air était presque froid; une humidité odorante sortait de la terre moussue, et, de temps à autre, il tombait d'en haut quelque ondée légère. On la sentait proche et angoissante, cette saison des nuages et des longues pluies, qui revient chaque fois avec son même air d'amener l'épuisement définitif des sèves et l'irrémédiable mort—mais qui passe comme toutes choses et qu'on oublie au suivant renouveau.

Partout, dans la mouillure des feuilles jonchant la terre, dans la mouillure des herbes longues et couchées, il y avait des tristesses de fin, de muettes résignations aux décompositions fécondes.

Mais l'automne, lorsqu'il vient finir les plantes, n'apporte qu'une sorte d'avertissement lointain à l'homme un peu plus durable, qui résiste, lui, à plusieurs hivers et se laisse plusieurs fois leurrer au charme des printemps. L'homme, par les soirs pluvieux d'octobre et de novembre, éprouve surtout l'instinctif désir de s'abriter au gîte, d'aller se réchauffer devant l'âtre, sous le toit que tant de millénaires amoncelés lui ont progressivement appris à construire.

PIERRE LOTI, Ramuntcho.

2***. L'AUTOMNE DANS LA FORÊT DE FONTAINEBLEAU

Partout c'était le dépouillement et l'ensevelissement de l'automne, le commencement de la saison sombre et du soir de l'année. Il ne faisait plus qu'un jour éteint, comme tamisé par un crêpe, qui dès midi semblait vouloir finir et menaçait de tomber. Une espèce de crépuscule enveloppait toute cette verdure d'une lumière voilée, assoupie et sans flamme. Au lieu d'une porte de soleil, les avenues n'avaient plus à leur bout qu'une éclaircie où défaillait le vert; et les grandes futaies hautes maintenant abandonnées de tous les rayons qui les éclaboussaient, de tous les feux qu'elles faisaient ricocher à perte de vue, les grandes futaies, endormies avec l'infinie monotonie de leurs grands arbres inexorablement droits, n'ouvraient plus que des profondeurs d'arbre, bâtonnées éternellement par des lignes de troncs noirs. Un vague petit brouillard poussiéreux, couleur de toile d'araignée, s'apercevait sous les bois de sapins, qui, avec leurs troncs moisis et suintants, leurs dessous de détritus pourris, leurs jaunissements d'immortelles, mettaient des deux côtés du chemin l'apparence de jardins mortuaires abandonnés.

Aux gorges d'Apremont, dans les landes de bruyères aux fleurs en poussière, dans les champs de fougères brûlées et roussies, les routes serpentant à travers les rochers, tout à l'heure étincelantes du blanc du sable, mouillées à présent, avaient les tons de la cendre. Au-dessus pesait le ciel d'un froid ardoisé, pendaient des nuages arrêtés, plombés et lourds d'avance des neiges de l'hiver; et sur les rochers, répétant avec leur solidité de pierre le gris cendreux du chemin, le gris ardoisé du ciel, çà et là, le feuillage grêle et décoloré d'un bouleau frissonnait avec la maigreur d'un arbre en cheveux. Morne paysage de froideur sauvage, où l'âpre intensité d'une désolation monochrome montrait tous les deuils de nature du Nord !

E. et J. DE GONCOURT, *Manette Salomon.*

3**. LA COLLINE INSPIRÉE

En flânant, en rêvant, on gagne le Signal, le mamelon herbu qui marque le plus haut point de la colline.

Ici l'immense horizon imprévu, la griserie de l'air, le désir de retenir tant d'images si pures et si pacifiantes obligent à faire halte. C'est une des plus belles stations de ce pèlerinage. On passerait des heures à entendre le vent sur la friche, les appels lointains d'un laboureur à son attelage, un chant de coq, l'immense silence, puis une reprise du vent éternel. On regarde la plaine, ses mouvements puissants et paisibles, les ombres de velours que mettent les collines sur les terres labourées, le riche tapis des cultures aux couleurs variées. Aussi loin que se porte le regard, il ne voit que des ondulations: plans successifs qui ferment l'horizon; routes qui courent et se croisent en suivant avec mollesse les vallonnements du terrain; champs incurvés ou bombés comme les raies qu'y dessinent les charrues. Et cette multitude de courbes, les plus aisées et les plus variées, ce motif indéfiniment repris qui meurt et qui renaît sans cesse, n'est-ce pas l'un des secrets de l'agrément, de la légèreté et de la paix du paysage? Cette souplesse et le ton salubre d'une atmosphère perpétuellement agitée, analogue à celle que l'on peut respirer dans la haute mâture d'un navire, donnent une divine excitation à notre esprit, nous dégagent, nous épurent, nous disposent aux navigations de l'âme....

Comme le soir qui vient donne aux choses un caractère d'immensité! La rêverie s'égare, dans ce paysage infini, sur les formes aplanies, sur la douceur et l'usure de cette vieille contrée.   MAURICE BARRÈS, *La Colline inspirée.*

4***. CLAIR DE LUNE

La lune était à son plein....Cet astre qui semble si souvent en France écorné, aminci par l'avarice et l'esprit économe, jamais Bardini ne l'avait vu, non seulement aussi rond, mais aussi bombé. La lune semblait vraiment pleine, sur le point de donner à la nuit la nouvelle jeune lune....Jamais aussi lumineuse....Tout le parc s'amusait à jouer, à dix heures du soir, le jeu de l'ombre et de l'éclat....Seule, au centre du tertre flanqué sur sa droite du grand cormier, la dalle de marbre blanc, entourée à distance de sa chaîne, étincelait sans contraste. Pas un morceau de nuit, pas une poussière même, tant l'air était pur, entre cette dalle et la lune. Bardini se rappelait le jour où elle avait été placée, dans une cérémonie qui ressemblait moins à un enterrement qu'à la pose d'une première pierre. Tout l'édifice ce soir était construit. Bardini admira ses murailles lumineuses, son plafond infini. Autour de cette tombe, plus aucun changement à apporter au monde. Jamais Bardini ne l'avait trouvé à ce point fini, à ce point terminé. Plus rien à changer au cri de la chouette, à ce mutisme des bois que nul vent n'atteignait. L'évolution mourait aux pieds froids de Bella. Le langage de la nuit, le contour des collines étaient à leur sommet classique. Les groupes de bouleaux, les bosquets de hêtres, les touffes de pins parsemées dans le parc, grâce à ce cercle qu'ils avaient pris depuis la mort de Bella avaient atteint la perfection. On sentait à chaque élément sa densité suprême. Le fer de la chaîne était pesant, la terre opaque, l'air lumineux. Aucun bruit du monde qui parvînt là autrement que par l'écho.

JEAN GIRAUDOUX, *Aventures de Jérôme Bardini.*

5**. UNE 'MAISON DE NOBLESSE'

L'endroit formait un large rond-point herbeux, défoncé par les passages du bétail, avec un entour de vieux arbres, sous lesquels, dans l'ombre, se mussaient quelques logis de ferme. Ce n'était là qu'un aperçu du domaine, la partie quasi abandonnée, toute la vie se portant de l'autre côté, dans la cour d'honneur, vers les communs, étables, écuries et dépenses à tous usages.

Ici se déployait la campagne, au bout d'une avenue bordée de splendides futaies de châtaigniers, comme il s'en trouve dans ces fertiles terres d'alluvions du bocage poitevin. Sous ces futaies fuyaient des terrains boueux, entrecoupés de talus fangeux et noirs de mousse.

Ces bois, étendus sur une centaine d'hectares, rejoignaient les deux ailes du château, une ancienne demeure, de style

Louis XIII, à l'allure de ce qu'on appelle encore dans certaines campagnes une 'maison de noblesse'.

L'unique étage s'allongeait sous la carapace ensellée d'une haute et molle toiture, dont l'ardoise, niellée de verdures et de lichens safranés, venait faire visière sur des fenêtres à petits carreaux; et les murailles étaient tout à fait de la couleur des vieux chemins.

Sur la droite, une antique chapelle dressait, au-dessus d'un vigoureux figuier, sa petite croix sans force.

Véritablement, on se trouvait ici bien en retrait du monde, dans un royaume de silence. Le voyageur qui venait de faire ses dix lieues, retour de Poitiers par la route royale, s'arrêtait, en entrevoyant dans le nuage mamelonné des arbres, la silhouette de ce vieux nid d'homme.

A. DE CHÂTEAUBRIANT, Monsieur des Lourdines.

6*. LE PALAIS DE CRISTAL

Sur d'autres points, ils réussissent moins complètement, par exemple à Sydenham-Palace, qui a contenu l'avant-dernière Exposition et qui est maintenant une sorte de musée-muséum. Il est énorme, ainsi que Londres et tant de choses à Londres; mais comment exprimer l'énorme? Toutes les sensations ordinaires de grandeur montent ici de plusieurs degrés. L'édifice a deux milles de tour, trois étages d'une hauteur prodigieuse. Cinq ou six bâtisses comme notre palais de l'Industrie y tiendraient à l'aise, et il est en verre: d'abord un immense rectangle qui, au centre, se relève en bosse comme une serre, et que flanquent deux hautes tours chinoises; puis, des deux côtés, de longs bâtiments qui descendent à angle droit, enserrant le parc, ses jets d'eau, ses statues, ses kiosques, ses pelouses, ses groupes de grands arbres, ses collections de fleurs. Le vitrage universel scintille au soleil; à l'horizon ondule une ligne de collines vertes, noyées dans cette vapeur lumineuse qui fond les teintes et répand sur tout le paysage une expression de bonheur tendre.—Toujours la même façon de comprendre le décor:

d'un côté, le parc et l'architecture végétale, qui est bien entendue, appropriée au climat et belle; de l'autre, l'édifice, qui est un entassement monstrueux, sans style, et témoigne, non de leur goût, mais de leur puissance.

TAINE, *Notes sur l'Angleterre.*

7***. VUE SUR LA MER

Quelle joie...de voir dans la fenêtre et dans toutes les vitrines des bibliothèques comme dans les hublots d'une cabine de navire, la mer nue, sans ombrages et pourtant à l'ombre sur une moitié de son étendue que délimitait une ligne mince et mobile, et de suivre des yeux les flots qui s'élançaient l'un après l'autre comme des sauteurs sur un tremplin. A tous moments...je retournais près de la fenêtre jeter encore un regard sur ce vaste cirque éblouissant et montagneux et sur les sommets neigeux de ses vagues en pierre d'émeraude çà et là polie et translucide, lesquelles avec une placide violence et un froncement léonin, laissaient s'accomplir et dévaler l'écroulement de leurs pentes auxquelles le soleil ajoutait un sourire sans visage. Fenêtre à laquelle je devais ensuite me mettre chaque matin comme au carreau d'une diligence dans laquelle on a dormi, pour voir si pendant la nuit s'est approchée ou éloignée une chaîne désirée—ici ces collines de la mer qui avant de revenir vers nous en dansant, peuvent reculer si loin que souvent ce n'était qu'après une longue plaine sablonneuse que j'apercevais à une grande distance leurs premières ondulations, dans un lointain transparent, vaporeux et bleuâtre comme ces glaciers qu'on voit au fond des tableaux des primitifs toscans. D'autres fois c'était tout près de moi que le soleil riait sur ces flots d'un vert aussi tendre que celui que conserve aux prairies alpestres (dans les montagnes où le soleil s'étale çà et là comme un géant qui en descendrait gaiement, par bonds inégaux, les pentes), moins l'humidité du sol que la liquide mobilité de la lumière. Au reste, dans cette brèche que la plage et les flots pratiquent au milieu du reste du

monde pour y faire passer, pour y accumuler la lumière,
c'est elle surtout, selon la direction d'où elle vient et que
suit notre œil, c'est elle qui déplace et situe les vallonnements
de la mer. La diversité de l'éclairage ne modifie pas moins
l'orientation d'un lieu, ne dresse pas moins devant nous de
nouveaux buts qu'il [*sic*] nous donne le désir d'atteindre,
que ne ferait un trajet longuement et effectivement parcouru
en voyage. Quand le matin le soleil venait de derrière
l'hôtel, découvrant devant moi les grèves illuminées jusqu'-
aux premiers contreforts de la mer, il semblait m'en montrer
un autre versant et m'engager à poursuivre, sur la route
tournante de ses rayons, un voyage immobile et varié à
travers les plus beaux sites du paysage accidenté des heures.
    MARCEL PROUST, *A l'Ombre des jeunes filles en fleur.*

8***. LES VENTS DU LARGE

Le vaste trouble des solitudes a une gamme; crescendo
redoutable: le grain, la rafale, la bourrasque, l'orage, la
tourmente, la tempête, la trombe; les sept cordes de la lyre
des vents, les sept notes de l'abîme. Le ciel est une largeur,
la mer est une rondeur; une haleine passe, il n'y a plus rien
de tout cela, tout est furie et pêle-mêle.
    Tels sont ces lieux sévères.
    Les vents courent, volent, s'abattent, finissent, recom-
mencent, planent, sifflent, mugissent, rient; frénétiques,
lascifs, effrénés, prenant leurs aises sur la vague irascible.
Ces hurleurs ont une harmonie. Ils font tout le ciel sonore.
Ils soufflent dans la nuée comme dans un cuivre, ils em-
bouchent l'espace, et ils chantent dans l'infini, avec toutes
les voix amalgamées des clairons, des buccins, des olifants,
des bugles et des trompettes, une sorte de fanfare pro-
méthéenne. Qui les entend écoute Pan. Ce qu'il y a
d'effroyable, c'est qu'ils jouent. Ils ont une colossale joie
composée d'ombre. Ils font dans les solitudes la battue des
navires. Sans trêve, jour et nuit, en toute saison, au tropique
comme au pôle, en sonnant dans leur trompe éperdue, ils

mènent, à travers les enchevêtrements de la nuée et de la vague, la grande chasse noire des naufrages. Ils sont des maîtres de meutes. Ils s'amusent. Ils font aboyer après les roches les flots, ces chiens. Ils combinent les nuages, et les désagrègent. Ils pétrissent, comme avec des millions de mains, la souplesse de l'eau immense.

VICTOR HUGO, *Les Travailleurs de la Mer*.

9**. LA TEMPÊTE

Depuis deux jours, la grande voix sinistre gémissait autour de nous. Le ciel était très noir; il était comme dans ce tableau où le Poussin a voulu peindre le déluge; seulement toutes les nuées remuaient, tourmentées par un vent qui faisait peur.

Et cette grande voix s'enflait toujours, se faisait profonde, incessante: c'était comme une fureur qui s'exaspérait. Nous nous heurtions dans notre marche à d'énormes masses d'eau, qui s'enroulaient en volutes à crêtes blanches et qui passaient avec des airs de se poursuivre; elles se ruaient sur nous de toutes leurs forces: alors c'étaient des secousses terribles et de grands bruits sourds.

Quelquefois la *Médée* se cabrait, leur montait dessus, comme prise, elle aussi, de fureur contre elles. Et puis elle retombait toujours, la tête en avant, dans des creux traîtres qui étaient derrière; elle touchait le fond de ces espèces de vallées qu'on voyait s'ouvrir rapides, entre de hautes parois d'eau; et on avait hâte de remonter encore, de sortir d'entre ces parois courbes, luisantes, verdâtres, prêtes à se refermer.

Une pluie glacée rayait l'air en longues flèches blanches, fouettait, cuisait comme des coups de lanières. Nous nous étions rapprochés du nord, en nous élevant le long de la côte chinoise, et ce froid inattendu nous saisissait.

En haut, dans la mâture, on essayait de serrer les huniers, déjà au bas ris; la *cape* était déjà dure à tenir, et maintenant il fallait, coûte que coûte, marcher droit contre le vent, à cause de terres douteuses qui pouvaient être là, derrière nous.

Il y avait deux heures que les gabiers étaient à ce travail, aveuglés, cinglés, brûlés par tout ce qui leur tombait dessus, gerbes d'écume lancées de la mer, pluie et grêle lancées du ciel; essayant, avec leurs mains crispées de froid qui saignaient, de crocher dans cette toile raide et mouillée qui ballonnait sous le vent furieux.

Mais on ne se voyait plus, on ne s'entendait plus.

PIERRE LOTI, *Mon frère Yves*.

10**. SOUS L'ÉQUATEUR

De la hune où Yves habitait, en regardant en bas, on voyait que ce monde bleu était sans limite, c'étaient des profondeurs limpides qui ne finissaient plus; on sentait combien c'était loin, cet horizon, cette dernière ligne des eaux, bien que ce fût toujours la même chose que de près, toujours la même netteté, toujours la même couleur, toujours le même poli de miroir. Et on avait conscience alors de la *courbure* de la terre, qui seule empêchait de voir au delà.

Aux heures où se couchait le soleil, il y avait en l'air des espèces de voûtes formées par des successions de tout petits nuages d'or; leurs perspectives fuyantes s'en allaient, s'en allaient en diminuant, se perdre dans les lointains du vide; on les suivait jusqu'au vertige; c'étaient comme des nefs de temples apocalyptiques n'ayant pas de fin. Et tout était si pur, qu'il fallait l'horizon de la mer pour arrêter la vue de ces profondeurs du ciel; les derniers petits nuages d'or venaient *tangenter* la ligne des eaux et semblaient, dans l'éloignement, aussi minces que des hachures.

Ou bien quelquefois c'étaient simplement de longues bandes qui traversaient l'air, or sur or: les nuages d'un or clair et comme incandescent, sur un fond byzantin d'or mat et terni. La mer prenait là-dessous une certaine nuance bleue paon avec des reflets de métal chaud. Ensuite tout cela s'éteignait très vite dans des limpidités profondes, dans des couleurs d'ombre auxquelles on ne savait plus donner de nom.

Et les nuits qui venaient après, les nuits mêmes étaient lumineuses. Quand tout s'était endormi dans des immobilités lourdes, dans des silences morts, les étoiles apparaissaient en haut plus éclatantes que dans aucune autre région du monde.

Et la mer aussi éclairait par en dessous. Il y avait une sorte d'immense lueur diffuse dans les eaux. Les mouvements les plus légers, le navire dans sa marche lente, le requin en se retournant derrière, dégageaient dans le remous tiède des clartés couleur de ver-luisant. Et puis, sur le grand miroir phosphorescent de la mer, il y avait des milliers de flammes folles; c'étaient comme des milliers de petites lampes qui s'allumaient d'elles-mêmes partout, mystérieuses, brûlaient quelques secondes et puis mouraient. Ces nuits étaient pâmées de chaleur, pleines de phosphore, et toute cette immensité éteinte couvait de la lumière, et toutes ces eaux enfermaient de la vie latente à l'état rudimentaire, comme jadis les eaux mornes du monde primitif.

PIERRE LOTI, *Mon frère Yves.*

11***. ARRIVÉE A CEYLAN

Vite agenouillé sur ma couchette, j'ai passé la tête par le sabord. La mer dormait encore, mais sur son eau sombre de longues barques faisaient danser des fanaux blancs et verts. Un phare, sur la côte proche, clignait des yeux. Oui, c'était Ceylan! Alors, je me suis jeté en bas du lit et en pyjama, pieds nus dans des babouches j'ai couru sur le pont.

A l'arrière, durait encore la nuit, à l'avant perçait déjà le jour. On le sentait poindre sur un coin de ciel rose, et cette aube montait si vite que l'Orient entier fut embrasé avant que l'ombre se soit dissipée. Vision magique! En un instant, tout l'horizon flamboyait. Le rose est devenu pourpre, les nuages se sont dorés et dans une lueur d'apothéose Colombo nous est apparu, sous sa couronne de palmiers.

Le paquebot avançait toujours, prudemment, la chaloupe du pilote amarrée à l'arrière, et nous commencions à distinguer des navires de guerre et des cargos à l'ancre, leurs feux de veille étoilant la mâture. Les barques indiennes virevoltaient, légères, autour de nous, emportées par de longs avirons à la pale exiguë. Puis, d'autres approchèrent, leurs voiles ocres ou noires mollement gonflées de brise et pareilles, de loin, à des araignées d'eau, les pirogues à balanciers des pêcheurs de Ceylan qu'un flotteur rustique, maintenu par des bambous, empêche de chavirer, et si étroites que les indigènes, ne pouvant s'y asseoir, s'y tiennent parfois debout comme des funambules, un seul pied dans la barque, l'autre traînant sur les vagues. Tout cela sortait de l'ombre et s'animait, ainsi qu'un merveilleux ballet. La ville dessinait ses toits, l'île ses monts boisés, composant sous nos yeux un décor d'un exotisme si irréel qu'on eût dit que le jour prolongeait d'un beau rêve les plus beaux songes de la nuit. J'aurais voulu ralentir les instants, fixer dans son éphémère beauté cette apparition que le plein jour allait détruire et, de tous mes sens tendus, passionnément, j'aspirais l'air chargé d'odeurs où l'île heureuse avait dormi.

ROLAND DORGELÈS, *Partir....*

12*. CARTHAGE SOUS LA LUNE

La lune se levait à ras des flots, et, sur la ville encore couverte de ténèbres, des points lumineux, des blancheurs brillaient: le timon d'un char dans une cour, quelque haillon de toile suspendu, l'angle d'un mur, un collier d'or à la poitrine d'un dieu. Les boules de verre sur les toits des temples rayonnaient, çà et là, comme de gros diamants. Mais de vagues ruines, des tas de terre noire, des jardins faisaient des masses plus sombres dans l'obscurité, et au bas de Malqua, des filets de pêcheurs s'étendaient d'une maison à l'autre, comme de gigantesques chauves-souris déployant leurs ailes. On n'entendait plus le grincement des roues hydrauliques qui apportaient l'eau au dernier étage des palais; et au milieu des

terrasses les chameaux reposaient tranquillement, couchés
sur le ventre, à la manière des autruches. Les portiers
dormaient dans les rues contre le seuil des maisons ; l'ombre
des colosses s'allongeait sur les places désertes ; au loin
quelquefois la fumée d'un sacrifice brûlant encore s'échap-
pait par les tuiles de bronze, et la brise lourde apportait avec
des parfums d'aromates les senteurs de la marine et l'ex-
halaison des murailles chauffées par le soleil. Autour de
Carthage les ondes immobiles resplendissaient, car la lune
étalait sa lueur tout à la fois sur le golfe environné de
montagnes et sur le lac de Tunis, où des phénicoptères parmi
les bancs de sable formaient de longues lignes roses, tandis
qu'au delà, sous les catacombes, la grande lagune salée
miroitait comme un morceau d'argent. La voûte du ciel
bleu s'enfonçait à l'horizon, d'un côté dans le poudroiement
des plaines, de l'autre dans les brumes de la mer, et sur le
sommet de l'Acropole les cyprès pyramidaux bordant le
temple d'Eschmoûn se balançaient, et faisaient un murmure,
comme les flots réguliers qui battaient lentement le long du
môle, au bas des remparts.   FLAUBERT, *Salammbô*.

13***. L'AVENTIN

J'aime le mélancolique Aventin ; c'est un lieu indécis couvert
de vignes et de jardins, de couvents et d'églises....La dernière fois que je me promenai sur ces pentes, c'était au
commencement d'un après-midi d'Avril. Tout respirait le
désordre tumultueux du Printemps. La terre et le ciel étaient
aussi encombrés l'un que l'autre. De gros nuages noirs et
déchiquetés pendaient sur les ruines du Palatin, qui leur
répondaient par des masses presque aussi informes. La
lumière jaune tombait par plaques sur le paysage ; une
église disparaissait dans l'ombre d'un nuage ; une autre,
frappée d'un rayon, prenait une importance momentanée ;
çà et là, le rose violacé des arbres de Judée alternait avec
le mauve pâle des glycines, des boutons d'or éclairaient
l'herbe à mes pieds, et, dans cette incertitude où se bouscu-

laient la nature, la religion, l'art et l'histoire, sans qu'aucune prédominance s'établît, il n'était pas jusqu'à la petite fleur éclose près de moi qui, secouant sa tête folle, ne se vantât d'être la reine de l'instant.

Redescendu dans Rome, j'oubliai le ciel. Je ne le revis qu'après le soleil couché. Toutes les choses de la terre s'étaient massées et durcies. Sur un fond d'espace limpide, les nuages s'entassaient des deux côtés de Saint-Pierre, ils montaient à des hauteurs vertigineuses, et, dessinant, en plein ciel, d'énormes gestes d'architecture, ils rivalisaient avec la coupole. Mais elle ne leur cédait nullement. Fermement établie parmi eux, dans sa compacte rondeur, rien qu'en étant fixement la même, elle dominait leurs prestiges. Ces nuages ressemblaient à tout parce qu'ils n'étaient rien. Ébauches, rêves, projets, on voyait en eux toutes les formes ambitieuses de l'impuissance. Mais le Dôme, lui, c'était l'Œuvre.   ABEL BONNARD, *Rome.*

14***. LE CHARME DE ROME

Je ressortais; un palais tordait ses lignes dans l'ombre, mais, dans sa façade obscure, j'apercevais à l'entresol, toute dorée au dedans par la clarté d'une seule chandelle, la chambre petite comme une coquille où une vieille faisait son ménage avant de dormir. Près d'une colonnade ténébreuse, un cabaret était plein d'une lueur roussâtre et d'un rude bruit de voix....

Ainsi, dès mon retour, je reconnaissais un élément principal du charme de Rome: c'est le heurt du grandiose et du familier, la plus simple vie dénouée au bas du plus auguste décor. Rome n'a rien de bourgeois. Les choses y ont bien plus de pompe qu'à Paris, et les gens y ont bien moins d'apprêt. L'emphase y est dans les pierres et la bonhomie dans les mœurs. Entre les façades insignes s'étendent des maisons de rien, dont la présence n'est pas inutile: l'œil qui a reconnu sur les édifices la grandeur d'une création volontaire s'amuse là des jeux du hasard: après avoir contemplé des portiques et des colonnes, on admire, en voyant sécher des haillons, quel tendre étendard peut devenir un vieux linge. La même vie circule partout et le pavois, le feston léger des lessives passe de la masure au palais, comme une plante grimpante qui n'interrompt pas sa course et continue à s'étendre en changeant d'appui. Cette fraternité de l'humble avec le pompeux, ce mélange presque oriental d'incurie et de majesté, voilà ce qui annonçait d'abord l'immense poésie de Rome.

ABEL BONNARD, *Rome*.

15**. SIENNE

Étrange enfant, cette Sienne, à la fois si dure et si souple, cerclé de murailles qui la compriment et assise avec aisance sur trois collines. Ces rues étroites, enchevêtrées, qui sans trêve grimpent et dévalent, que de fois je les ai suivies dans la fraîcheur qu'y maintiennent, même en été, les lourds palais qui les bordent ! Je les sillonnais en tous sens, entrant chez les antiquaires, m'intéressant à toutes les églises, vraies pages de plaisir, et me reposant enfin à la cathédrale parmi les charmants jeunes gens du Pinturicchio....

Une des plus fortes sensations de cette Sienne, dont les rues étroites, toutes dallées et fraîches, semblent les couloirs d'un immense palais, ce sont soudain des jours, des sortes de fenêtres, ménagés aux plus beaux points et d'où le regard, franchissant les ravins bâtis que forme la ville, embrasse les longs aspects vallonnés de cette campagne surprenante. Parfois encore, la rue s'élargit en terrasse, toujours bornée à pic par l'abîme et plantée de trois arbres, d'autant plus précieux parmi tant de pierres. Combinaison fort habile de l'art ou du hasard. Nous commencions vaguement à souffrir de ne fouler jamais de terre, de n'apercevoir jamais un arbre, mais seulement, entre les hautes frises des palais, une raie de ciel, et voici que soudain un mur s'abaisse à n'être plus qu'un garde-fou sur les pentes qui nous séparent de l'immense horizon.

Ce mélange un peu théâtral d'architecture et de nature, mis au point par les siècles, fait un divertissement artistique tel que jamais je ne me lassai d'en gôuter l'imprévu. Les jardins les mieux étudiés, le Boboli avec ses trouées sur la campagne de Florence ou ceux des lacs Majeur et de Côme, à l'instant où leurs collines d'azalées défleurissent sous les magnolias commençants, ne passent pas en beauté ces places où les femmes de Sienne, en tirant l'eau du puits sous des arbres centenaires, embrassent un illustre horizon.

MAURICE BARRÈS, *Du sang, de la volupté et de la mort.*

16*. UN CIMETIÈRE ARABE

La route s'engage alors dans le ravin entre des pentes fort pittoresques, parmi des rochers tombés de la montagne et roulés par la rivière au moment des grandes eaux. L'Oued coule à côté du sentier, tantôt sur un lit de sable et de gravier ressemblant à de l'ardoise en poudre, tantôt à travers de larges blocs que le courant contourne en écumant un peu, quand il n'a pas la force de les arracher de son lit. La montagne est rocheuse, escarpée et fréquemment creusée par de profonds éboulements. On y voit peu d'arbres, excepté de loin en loin quelques vieux oliviers plantés presque horizontalement dans les talus, qui restent attachés par les racines et dont le branchage échevelé pend sur le chemin. Un peu plus loin, la gorge s'élargit et se découpe en ravins latéraux; la végétation s'épaissit, et chaque écartement de la montagne forme alors un entonnoir baigné par le fond et encombré de hauts feuillages.

On approche ainsi du cimetière. Il est tel que tu l'as vu: tout entouré de barrières rustiques, composées d'arbres morts et de halliers, et protégé par une ceinture impénétrable de lentisques, de myrtes et de lianes; au fond, une sorte de bocage ombreux, de grands oliviers très verts, des caroubiers plus sombres encore, d'immenses frênes et des peupliers-trembles, au tronc blanchâtre, ayant à peu près la taille et le port des platanes; au centre de cet enclos solitaire, très recueilli, très abrité, où le soleil ne pénètre que pendant le milieu du jour, un terrain plein d'herbes et couvert de tombeaux.

FROMENTIN, *Une Année dans le Sahel.*

17***. A AMSTERDAM

Tout en rêvant mille choses de lui [Descartes], je m'amusais là-bas à voir de ma fenêtre les passants trotter dans la neige toute fraîche, les mariniers emmitouflés manœuvrer sur l'eau blanche et noire, à demi prise, à demi rompue, déplacer avec une adresse incroyable leurs péniches lourdes et longues, si pressées et engagées quelquefois les unes entre les autres qu'il faut s'y prendre comme au jeu de dames, opérer par substitutions réfléchies, créer devant soi le lieu où l'on va se mettre, en trouver un pour la coque que l'on déloge, attendre, pousser, gouverner, gagner enfin l'entrée de quelque tunnel étroit et sombre où l'on disparaît au bruit sourd du moteur, l'homme à la barre ployant la tête au moment juste qu'elle va heurter le sommet de la voûte. Les mouettes innombrables dissipaient mon attention, la ravissaient et renouvelaient dans l'espace. Leurs corps lisses et purs, bien placés contre le vent, glissaient, filaient sur d'invisibles pentes, effleuraient le balcon, viraient, rompaient le vol et s'abattaient sur les gros glaçons, où les blanches bêtes posées se disputaient entre elles les ordures tremblantes et les débris affreux de poisson rejetés à l'eau.

Entre deux oiseaux instantanés je revenais à ma première pensée.

PAUL VALÉRY, *Le Retour de Hollande.*

18**. BOULOGNE

Boulogne-sur-mer, en novembre, le matin. Une transparente brume blanche naissait à terre et devenait opaque à fleur de toit. Pas de ciel. Les vols, en accents circonflexes, des mouettes gris perle, montaient s'engloutir dans ces ténèbres blafardes. Des édifices de la ville, les silhouettes seules subsistaient, foncées, sur écran blanc. Ce temps mou ôtait sa sonorité à la vie de la terre. Les charrettes des mareyeurs, rendues prudentes par la route invisible, roulaient à petite allure.

La marée basse donnait au port une profondeur d'abîme. Contre la paroi gluante, ornée de grappes de moules, les nombreuses barques de la flotte de pêche se calaient l'une l'autre. La *Notre-Dame* de Boulogne, basse sous sa charge lourde, accostait avec seize cents mesures de harengs. Des tas argentés luisaient sur le pont. Aux secousses, des poissons, glissant du haut, passaient le bordage, et flottaient, ventre en l'air, pour les mouettes. Le bateau, halant sur l'amarre cravatée au col d'un pieu de fonte, s'élargissait une place entre deux barques. Pouce à pouce, la *Notre-Dame* avança, un coin émoussé dans du bois dur. Enfin, du tranchant de sa proue, elle toucha le quai.

Le panneau ouvert creusait, au milieu du pont noir, un puits de lumière. Au fond, deux hommes, les bottes dans la glace pilée, triaient le poisson de la cale. Gelés sous leur falot rond comme la lune, ils se réchauffaient en battant des bras, selon le rite populaire, et se claquaient dans le dos leurs rudes mains mouillées.

Un autre, penché sur leur trou, en tirait les paniers pleins. Ils avaient de l'ouvrage. Outre sa pêche, le bateau rapportait les filets pleins du *Bon Vent*, un Boulonnais perdu dans la Mer du Nord avec onze hommes et deux mousses. Par gros temps ses filets avaient pris un banc de harengs haut comme une maison. Le bateau pencha sur son filet trop lourd. Le patron hésitait à le couper. La bourrasque n'hésita pas et chavira le pêcheur sur sa pêche. La *Notre-Dame* rencontra les flotteurs à la dérive: il vint autant de poissons que de mailles.... PIERRE HAMP, *Marée fraîche.*

19**. FALAISE

Au jour où je l'ai vue, Falaise baignait dans la tendre clarté d'une somptueuse journée de soleil. Dans l'air lavé par les pluies récentes, sur les étages des jardins, sur les bois que varient des hêtres pourpres, c'était un rayonnement doux. Je retrouvais la fine lumière de Vermeer de Delft, lumière sans éclat mais si nette que l'on apercevait au bord des fenêtres lointaines la pourpre des géraniums. Et quel silence !...

La ville, cependant active, ne laisse monter jusqu'à la haute terrasse aucun bruit. Dans les rues, jadis habitées par les gens de noblesse et de justice, les marchands œuvrent sans rumeur. Les tuiles rouges des toits ont pris sous le soleil des tons de rose sèche. Une lumière digne de l'aube dessine des festons sur les murs qui se donnent des airs d'enceintes crénelées. On dirait, à juger d'ici, que toute vie s'est retirée, car on n'aperçoit âme humaine, les rues et les venelles formant tranchée entre les maisons à encorbellement; sur le nu d'une place on s'attend à voir passer un moine blanc de Saint-Augustin. La vie semble d'ici toute souterraine. La nappe de lumière s'épand du mont Mirat jusqu'à la colline couronnée de sapins où, jadis, on allait prendre les oiseaux de proie et passagers, tiercelets et faucons, émerillons et éperviers, et aussi des aigles, toute bête tant de poing que de leurre. Elle baigne les vieux faubourgs, les fontaines où se lavaient les toiles, ce qui reste des anciens moulins à foulon et à tan. Les chroniqueurs comparaient Falaise à une nef longue et étroite, avec son château à la poupe. Cette nef, aujourd'hui, toutes voiles abaissées, semble immobile dans la lumière.

ÉDOUARD HERRIOT, *Dans la Forêt normande.*

20*. LE PORT DE MARSEILLE

Afin de ne pas être bloqués à tout instant par l'embarras des attelages et des marchandises, ils prirent l'escalier de la jetée qui domine, d'un côté, toute la longueur des quais, et, de l'autre, les rangées des brise-lames.

Parvenu au sommet, Jaubert s'arrêta brusquement, pour regarder. L'immensité, l'étrangeté de la vue lui causaient une véritable stupeur.

Tout le ciel, d'un bleu pâle crêpelé de petites nuées grises, était encore enveloppé de brumes. Marseille, la Joliette disparaissaient sous un voile de brouillard jaune, où scintillaient comme des gouttes de pluie lumineuses. D'abord, le jeune homme, à travers ce brouillard, ne distingua rien que des mâtures-fantômes. Puis, l'abside de la Major, la tour de Notre-Dame de la Garde s'accusèrent en masses plus sombres sur le fond transparent des vapeurs matinales. Un rais diamantin dessina en lignes brillantes les renflements bulbeux des coupoles. Au-dessus, parmi les moutonnements des nuées couleur de perle, le disque bleuâtre du soleil montait dans un cerne d'or. Et tout un ruissellement de flammes, un torrent d'or et d'acier, se précipitait dans les eaux molles des bassins, dont les vaguelettes frissonnaient à la fraîcheur du vent de mer.

La ville restait toujours invisible derrière la ligne blanchâtre des quais, les tulles opaques des lourdes vapeurs, les bouillonnements fuligineux qui s'élevaient au-dessus des bateaux en partance. Seuls, émergeaient les profils gigantesques des grues en fonte, les colonnes des lampadaires électriques, et, çà et là, des tas de charbon, hauts comme des édifices, dont le faîte s'effaçait sous un tourbillon perpétuel de poussières noires.

Ce vaste paysage, qui semblait sur le point de se dissoudre et de s'évanouir dans les brumes, vivait d'une vie monstrueuse par l'énormité de ses bruits, la continuité hallucinante de sa rumeur. Mugissements prolongés des sirènes, claquements des fouets, grincements des ancres, sifflets des

machines, tintements des coques de fer sous les marteaux
des radoubeurs, et, par-dessus tout, la clameur confuse du
demi-million d'hommes pressés entre les collines et les
rivages—c'était du tumulte dans de la fumée!...

LOUIS BERTRAND, *L'Invasion.*

21***. LA GORGE DE PIERREFITTE

De lourds nuages montaient dans le ciel, et l'horizon terni
s'encaissait entre deux rangs de montagnes décharnées,
tachées de broussailles maigres, fendues de ravines; un jour
pâle tombait sur les sommets tronqués et dans les crevasses
grises....

On entra dans la gorge de Pierrefitte. Les nuages avaient
gagné et noircissaient tout le ciel; le vent s'engouffrait par
saccades et fouettait la poussière en tourbillons. La voiture
roulait entre deux murailles immenses de roches sombres,
tailladées et déchiquetées comme par la hache d'un géant
désespéré: sillons abrupts, labourés d'entailles béantes, plaies
rougeâtres, déchirées et traversées par d'autres plaies pâlies,
blessure sur blessure; le flanc perpendiculaire saigne encore
de ses coups multipliés.

Des masses bleuâtres, demi-tranchées, pendaient en pointes
aiguës sur nos têtes; mille pieds plus haut, des étages de
bloc s'avançaient en surplombant. A une hauteur prodigieuse, les cimes noires crénelées s'enfonçaient dans la
vapeur. Le défilé semblait à chaque pas se fermer; l'obscurité
croissait, et, sous les reflets menaçants d'une lumière livide,
on croyait voir ces saillies monstrueuses s'ébranler pour tout
engloutir. Les arbres pliaient et tournoyaient, froissés contre
la pierre. Le vent se lamentait en longues plaintes aiguës,
et, sous tous ces bruits douloureux, on entendait le gronde-
ment rauque du Gave, qui se brise furieux contre les roches
invincibles, et gémit lugubrement comme une âme en peine,
impuissant et obstiné comme son tourment.

La pluie vint et brouilla les objets. Au bout d'une heure,
les nuages dégonflés traînaient à mi-côte; les roches dégout-

tantes luisaient d'un vernis sombre, comme des blocs d'acajou
bruni. L'eau troublée bouillonnait en cascades grossies; les
profondeurs de la gorge étaient encore noircies par l'orage;
mais une lumière jeune jouait sur les cimes humides, comme
un sourire trempé de larmes. La gorge s'ouvrait; les arches
des ponts de marbre s'élançaient dans l'air limpide, et, dans
une nappe de lumière, on voyait Luz assise entre des prairies
étincelantes et des champs de millet en fleur.

TAINE, *Voyage aux Pyrénées.*

22*. LA CAMPAGNE HOLLANDAISE

Représentez-vous ce que peut être un voyage à l'intérieur
de la campagne hollandaise, avec les six mille tonnes d'une
Pantoire sous les pieds.

N'oubliez pas non plus que les eaux du canal maritime de
Gand sont tout entières retenues par une seule écluse, celle
de Terneuzen. Il en résulte que les parties du canal voisines
de son débouché dans l'Escaut dominent sensiblement le
niveau des terres basses qui les environnent....

De la passerelle haute, le regard découvrait des lieues
carrées de campagne. Cet immense panorama était soi-
gneusement quadrillé par des haies taillées et des barrières
blanches. Les trains du soir circulaient avec activité de
barrière en barrière; ils s'arrêtaient le long d'une mare, d'un
peuplier, d'une vache; ils déversaient à chaque arrêt une
quantité de petites silhouettes animées. Les vitres opposées
au couchant miroitaient jusqu'au fond d'un horizon in-
vraisemblablement reculé.

Sur les berges mêmes du canal, des cyclistes nous croisaient
en émettant le froutement soyeux des vélos bien huilés; ils
montaient tous sagement, comme on leur avait appris à
monter, sans chiqué ni fantaisie; ils regardaient le navire
français et ne témoignaient aucun sentiment visible.

Sur les pentes des digues, des jonchées de lin roui jetaient
une tache d'anémie sur la bonne santé de cette nature.

JEAN-RICHARD BLOCH, *Sur un Cargo.*

23**. LES VOIX DE LA CAMPAGNE

Je couchais dans une salle paysanne, meublée comme au temps de Greuze, et dont la porte ouvrait au ras de l'herbe. Des espaliers l'enserraient et le grenier était bondé de foin. Au petit jour, j'entendais des foulées de sabots, des chocs de seaux à lait, les pas de la jument, des trilles d'oiseaux, bruits espacés dans le silence, qui me tiraient du sommeil et semblaient m'appeler. Bientôt je partais à l'aventure, je prétendais chasser, pêcher, collectionner. Mes poursuites me menaient dans les futaies, sur les pentes glissantes d'aiguilles ou couvertes de myrtil, au bord de l'étang encombré de roseaux, sur les pierres de la rivière où je cherchais les écrevisses et les anguilles.

Quand je restais à l'affût, j'entendais toutes les voix de la campagne; à côté de moi, le pépiement d'un roitelet dans les ronces; sur un noisetier, le cri de rat d'un écureuil; à la cime d'un hêtre, le choc des ailes puis le roucoulement d'un ramier. Le croassement des corbeaux accentuait la grandeur sauvage et sombre des sapins; les vallées résonnaient sans cesse du meuglement des vaches et de l'appel aigu des taureaux; et, comme j'étais toujours suivi d'un chien, un halètement continuel m'accompagnait, comme la respiration même de la nature. C'est en ces jours que je découvris les libellules des eaux, qui sont de toutes les couleurs; l'œil d'or des grenouilles laquées émergeant de la verte canetille des mares; le papillon morio aux ailes de velours noir et le grand paon incarnat, si beau avec ses taches de topaze et de saphir que j'en rêvais. Je rentrais, accablé d'images et de sons, la tête lourde d'odeurs de foin, de menthe, de résine et de chèvrefeuille. Et quand, la nuit venue, dans le silence et les ténèbres, au fond de mon lit de plume, je sombrais dans le sommeil, je sentais les buissons qui, tout le jour, m'avaient griffé, les plantes qui m'avaient embaumé, les bêtes qui m'avaient fui et les oiseaux qui m'avaient émerveillé, me soutenir au-dessus de l'abîme, comme des bras fraternels.

JEAN GALLOTTI, *Le règne de l'inerte.*

24***. DANS LA FORÊT

Un grand nuage de pluie passa sur la forêt; les bouleaux s'enlevèrent plus blancs sur le gris de plomb du ciel, une flamme rosée modela la carcasse d'un châtaignier mort. Il regardait tout cela, et la fraîcheur de l'air lui caressait la figure et la fraîcheur de la terre lui montait aux jambes.

'Ah! disait-il en s'en allant, quand il faudra mourir!...Les arbres morts restent debout!...Il semble même qu'ils continuent à se sentir des arbres!...Mais ne plus voir, ne plus entendre!...enfin!...J'ai bien encore, je suppose, vingt ans à vivre!...Ai-je bien encore vingt ans à vivre?'...

Il montait par un chemin creux, pierreux, fauve comme les loups, bordé de ces arbres de coupe dont les puissantes racines ongulaires font corps avec le talus. Il marchait tout doucement, en faisant sonner ses semelles sur les escaliers de roc. Les longs et souples genêts, aux gousses noires, le frôlaient, et lui-même frôlait les souches, creuses, éventrées, que la nuit habite, frôlait les troncs déchaussés, pleins de suies humides et de déchiquetures poreuses. Autour de lui se multipliaient les gibbosités en profil de sanglier, les exostoses en contours de bêtes étranges, les rondeurs en silhouettes d'épaules humaines.

Une belette traversa le chemin; Lirot fit un bond.

— Hé! Lirot, tu n'as droit qu'aux champignons, tu oublies!

Il le retenait par son collier, le laissant aboyer, donnait à la petite bête le temps de s'enfouir dans un creux du talus. Puis il reprit sa route, car maintenant, au haut de la montée, dans l'ovale des frondaisons, s'embrunissait la perle humide et dorée du soir.

A. DE CHÂTEAUBRIANT, Monsieur des Lourdines.

25***. DEMI-TOUR

J'avais dix-huit ans. J'étais heureuse. J'habitais avec mon tuteur, une maison toute en longueur dont chaque porte-fenêtre donnait sur la ville, chaque fenêtre sur un pays à ruisseaux et à collines, avec des champs et des châtaigneraies comme des rapiéçages... car c'était une terre qui avait beaucoup servi déjà, c'était le Limousin. Les jours de foire, je n'avais qu'à tourner sur ma chaise pour ne plus voir le marché et retrouver, vide de ses troupeaux, la campagne. J'avais pris l'habitude de faire ce demi-tour à tout propos, cherchant à tout passant, au curé, au sous-préfet, son contrepoids de vide et de silence entre des collines; et pour changer le royaume des sons, c'était à peine plus difficile, il fallait changer de fenêtre. Du côté de la rue, des enfants, jouant au train, un phonographe, la trompe des journaux, et les chevreaux et canards qu'on portait aux cuisines poussant un cri de plus en plus métallique à mesure qu'il devenait leur cri de mort. Du côté de la montagne, le vrai train, des meuglements, des bêlements que l'hiver on devinait d'avance au nuage autour des museaux. C'est là que nous dînions l'été, sur une terrasse. C'était parfois la semaine où les acacias embaument, et nous les mangions dans des beignets; où les alouettes criblaient le ciel, et nous les mangions dans des pâtés; parfois le jour où le seigle devient tout doré et a son jour de triomphe, unique, sur le froment; nous mangions des crêpes de seigle. Un coup de feu dans un taillis: c'est que les bécasses passaient, allant en un jour, expliquait mon tuteur, à l'Afrique centrale. Une bergère qui faisait claquer ses deux sabots l'un contre l'autre: c'était voilà vingt ans l'appel contre les loups, il servait maintenant contre les renards, dans vingt ans il ne servirait plus que contre les fouines. Puis le soleil se couchait, de biais, ne voulant blesser mon vieux pays qu'en séton. On le voyait à demi une minute, abrité par la colline comme un acteur. Il eût suffi de l'applaudir pour qu'il revînt. Mais tout restait silencieux.... Illuminés de dos, toutes les branches et les moindres rameaux semblaient se lever, tous les arbres se rendre à merci.... On les rassurait.... On faisait malgré soi un demi-geste pour les rassurer.

JEAN GIRAUDOUX, *Suzanne et le Pacifique.*

26**. LA PETITE VILLE: VUE D'ENSEMBLE

Au milieu de terrains vagues, des maisons neuves isolées, l'air emprunté comme d'avoir grandi trop vite, et qui tendent leurs pierres d'attente avec l'air de vouloir amorcer une conversation, se faire des amis, fonder une rue—comme on fonde une famille.

Des maisons humbles et petites, qui s'appuient l'une sur l'autre, se gênent, se supportent, des maisons en robes pauvres et barbouillées, qui ont beaucoup d'enfants devant la porte.

Des maisons en robes claires et nettes qui s'isolent avec orgueil et qui en ont les moyens, prennent leurs aises, s'étalent dans leurs jardins; des maisons riches, qui n'ont qu'un bel enfant tout brodé, ou deux, et qu'on met dans les allées, ou dans la serre selon le temps.

Quelques maisons encore, vieilles, usées, en loques, des maisons du XVIe siècle, c'est écrit dessus, et, comme elles —trop vivantes pour être des mortes, trop mortes pour être des vivantes—des vieilles de la même époque.

Des rues qui aboutissent à la campagne, lointainement verte aux yeux des 'enfermés', comme l'espoir de leur promenade du dimanche. D'autres rues qui se jettent dans les places comme dans des lacs tranquilles et toutes pleines du bruit des maisons. Chant des pendules annonçant: 'Nous avons encore pondu un œuf plat comme la lune et rond comme notre cadran'; bruit du hachoir dans une cuisine et bruit du piano que dans le salon une jeune fille picore.

JEANNE RAMEL CALS, in *La Revue de France*, IV, 1924.

27****. ODEURS

Son appartement particulier donnait sur la rue Saint-Jacques qui aboutissait beaucoup plus loin au Grand-Pré (par opposition au Petit-Pré, verdoyant au milieu de la ville, entre trois rues) et qui, unie, grisâtre, avec les trois hautes marches de grès presque devant chaque porte, semblait comme un défilé

pratiqué par un tailleur d'images gothiques à même la pierre
où il eût sculpté une crèche ou un calvaire. Ma tante
n'habitait plus effectivement que deux chambres contiguës,
restant l'après-midi dans l'une pendant qu'on aérait l'autre.
C'étaient de ces chambres de province qui—de même qu'en
certains pays des parties entières de l'air ou de la mer sont
illuminées ou parfumées par des myriades de protozoaires
que nous ne voyons pas—nous enchantent des mille odeurs
qu'y dégagent les vertus, la sagesse, les habitudes, toute une
vie secrète, invisible, surabondante et morale que l'atmosphère y tient en suspens; odeurs naturelles encore, certes,
et couleur du temps comme celles de la campagne voisine,
mais déjà casanières, humaines et renfermées, gelée exquise
industrieuse et limpide, de tous les fruits de l'année qui ont
quitté le verger pour l'armoire; saisonnières, mais mobilières
et domestiques, corrigeant le piquant de la gelée blanche
par la douceur du pain chaud, oisives et ponctuelles comme
une horloge de village, flâneuses et rangées, insoucieuses et
prévoyantes, lingères, matinales, dévotes, heureuses d'une
paix qui n'apporte qu'un surcroît d'anxiété et d'un prosaïsme
qui sert de grand réservoir de poésie à celui qui la traverse
sans y avoir vécu.

L'air y était saturé de la fine fleur d'un silence si nourricier,
si succulent que je ne m'y avançais qu'avec une sorte de
gourmandise, surtout par ces premiers matins encore froids
de la semaine de Pâques où je le goûtais mieux parce que
je venais seulement d'arriver à Combray.

MARCEL PROUST, *Du Côté de chez Swann.*

28**. BROUILLARD A PARIS

'Brr...quel brouillard!...' dit le bonhomme en mettant
le pied dans la rue. Vite il retrousse son collet, ferme son
cache-nez sur sa bouche, et la tête baissée, les mains dans
ses poches de derrière, il part pour le bureau en sifflotant.

Un vrai brouillard, en effet. Dans les rues, ce n'est rien
encore; au cœur des grandes villes le brouillard ne tient pas

plus que la neige. Les toits le déchirent, les murs l'absorbent; il se perd dans les maisons à mesure qu'on les ouvre, fait les escaliers glissants, les rampes humides. Le mouvement des voitures, le va-et-vient des passants, ces passants du matin, si pressés et si pauvres, le hache, l'emporte, le disperse. Il s'accroche aux vêtements de bureau, étriqués et minces, aux waterproofs des fillettes de magasin, aux petits voiles flasques, aux grands cartons de toile cirée. Mais sur les quais encore déserts, sur les ponts, la berge, la rivière, c'est une brume lourde, opaque, immobile, où le soleil monte, là-haut, derrière Notre-Dame, avec des lueurs de veilleuse dans un verre dépoli.

Malgré le vent, malgré la brume, l'homme en question suit les quais, toujours les quais, pour aller à son bureau. Il pourrait prendre un autre chemin, mais la rivière paraît avoir un attrait mystérieux pour lui. C'est son plaisir de s'en aller le long des parapets, de frôler ces rampes de pierre usées aux coudes des flâneurs. A cette heure, et par le temps qu'il fait, les flâneurs sont rares. Pourtant, de loin en loin, on rencontre une femme chargée de linge qui se repose contre le parapet, ou quelque pauvre diable accoudé, penché vers l'eau d'un air d'ennui. Chaque fois l'homme se retourne, les regarde curieusement et l'eau après eux, comme si une pensée intime mêlait dans son esprit ces gens à la rivière.

ALPHONSE DAUDET, Contes du Lundi:
Un Teneur de Livres.

29***. A LA FRONTIÈRE DE PROVENCE

Nous avons traversé la France couverte de neige. Le petit jour qui s'est levé au midi de Vienne nous présente le même paysage glacé; mes yeux faits à considérer ces campagnes par des matinées de soleil cherchent inutilement à les reconnaître. Des murailles fameuses autrefois saluées au passage d'un nom ami fuyaient sans souvenir, comme des étrangères. Seuls, accablés de neige, les plans horizontaux donnaient quelque vie au regard.

A la frontière de Provence cette neige se dissipa. Dans un air coloré de longues franges roses, flottèrent, du levant au couchant, des flottilles de nuages de toute forme. Mais ces nuages s'empourprèrent; sous leurs plis redoublés se manifesta le soleil.

La lumière jaillit bientôt, dora les écailles du Rhône et courut multipliée comme un feu subtil entre les verges noires des petits arbres qui se succédaient dans la plaine. Ces lumières du ciel sont peut-être le souverain bien. Elles apportent le courage et l'égalité à notre âme et ramènent à leur proportion les maux que centuplait chaque folle imagination de la nuit. O consolatrices de l'homme! J'avais le corps, l'esprit trop malades pour les nommer; mais elles me sourirent en se distribuant sur toutes les choses. Les vieux murs ravivés s'échauffaient sous la flamme agile. Les teintes naturelles y refleurissaient à vue d'œil.

Nous avions dépassé ces coteaux du Valentinois que baigne la Drôme....Avenues de platanes et de mûriers, jardins déserts encore, maisons caduques et nouvelles adossées à la roche ou construites en plein champ, les petites villes prospères du Comtat se mirent à défiler dans cette splendeur. L'air dépouillé comme la terre nous laissa voir du haut en bas de leur structure les gloires romaines d'Orange. Ce fut un peu plus loin que la voie reprit sa tristesse. Introduits en Provence par une espèce de portique composé des nuances les plus délicates du ciel, ce portique franchi nous laissait retomber sous la loi de l'hiver. Point de neige, mais ces larges gouttes d'eau glaciale qui sont de la neige fondue, et toute la campagne pénétrée d'une demi-brume d'où sortaient çà et là des créneaux, des clochers, des tours.

CHARLES MAURRAS, *Anthinéa.*

30***. LES JOURNÉES DE COLETTE

Une pluie douce tombe depuis deux heures, et va cesser? Déjà tous les signes célestes se disputent la fin de l'après-midi. Un arc-en-ciel a tenté de franchir le golfe; rompu à mi-chemin contre un solide amas de nuages orageux, il brandit en l'air un reste merveilleux de cintre dont les couleurs meurent ensemble. En face de lui, le soleil, sur des jantes de rayons divergents, descend vers la mer. La lune croissante, blanche dans le plein jour, joue entre des flocons de nues allégées. C'est la première pluie de l'été. Qu'y gagnera la vendange? Rien. Le raisin est quasi mûr. La petite aurore me le livre froid, perlé, élastique et giclant sucré sous la dent....

Les pins filtrent l'ondée ralentie; en dépit de leur baume, des orangers mouillés et de l'algue sulfureuse qui fume en bordure de mer, l'eau du ciel gratifie la Provence d'une odeur de brouillard de sous-bois, de septembre, de province du Centre. La grande rareté qu'un horizon brumeux sous ma fenêtre! Je vois le paysage trembler, comme à travers une montée de larmes. Tout est nouveauté et douce infraction, jusqu'au geste de ma main qui écrit, geste depuis si long-temps nocturne. Mais il fallait bien fêter à ma manière la pluie—et puis je n'ai de goût, cette semaine, que pour ce qui ne me plaît guère.

Depuis huit ou dix jours—exactement depuis le départ de Vial—j'ai eu beaucoup de travail—il est plus juste d'écrire: j'ai beaucoup travaillé. Le fossé mitoyen qui draine les eaux superflues de l'hiver, je l'ai approfondi, curé. 'Vé, ce n'est pas la saison!' me reprochait Divine. Mentionnons encore un sarclage, pénible en terre dure, le rinçage des dames-jeannes en verre clissé. J'ai aussi huilé, frotté d'émeri les cisailles à vendange. Trois journées de grande chaleur nous ont retenus près de la mer, dans la mer, heureux sous sa courte houle fraîche et lourde. A peine séchés, nos bras et nos jambes se couvraient d'un givre de sel fin. Mais, atteints, domptés par le soleil, nous sentons qu'il ne nous vise plus des mêmes points du ciel. A l'aube ce n'est plus l'eucalyptus qui devant ma fenêtre divise, au sortir de la mer, le premier segment du soleil; c'est un pin voisin de l'eucalyptus. Combien sommes-nous à voir le jour paraître? Ce vieillisse-ment de l'astre, qui chaque matin abrège sa course, demeure secret. Il suffit à mes camarades Parisiens, et aux Parisiens qui ne sont pas mes camarades, que le couchant emplisse longuement le ciel, occupe et couronne l'après-midi....

Le bleu froid est entré dans ma chambre, traînant une très faible couleur carnée qui le trouble. Ruisselante, contractée, arrachée à la nuit, c'est l'aube. La même heure demain me verra couper les premiers raisins de la vendange.

COLETTE, *La Naissance du Jour.*

II. *PORTRAITS*

31**. LE MÉDECIN DE CAMPAGNE

Benassis était un homme de taille ordinaire, mais large des
épaules et large de poitrine. Une ample redingote verte,
boutonnée jusqu'au cou, empêcha l'officier de saisir les détails
si caractéristiques de ce personnage ou de son maintien;
mais l'ombre et l'immobilité dans laquelle resta le corps
servirent à faire ressortir la figure, alors fortement éclairée
par un reflet des flammes. Cet homme avait un visage
semblable à celui d'un satyre: même front légèrement cambré,
mais plein de proéminences toutes plus ou moins significa-
tives; même nez retroussé, spirituellement fendu dans le
bout, mêmes pommettes saillantes. La bouche était sinueuse,
les lèvres étaient épaisses et rouges. Le menton se relevait
brusquement. Les yeux bruns et animés par un regard vif
auquel la couleur nacrée du blanc de l'œil donnait un grand
éclat, exprimaient des passions amorties. Les cheveux jadis
noirs et maintenant gris, les rides profondes de son visage
et ses gros sourcils déjà blanchis, son nez devenu bulbeux et
veiné, son teint jaune et marbré par des taches rouges, tout
annonçait en lui l'âge de cinquante ans et les rudes travaux
de sa profession. L'officier ne put que présumer la capacité
de la tête, alors couverte d'une casquette; mais, quoique
cachée par cette coiffure, elle lui parut être une de ces têtes
proverbialement nommées *têtes carrées*. Habitué par les
rapports qu'il avait eus avec les hommes d'énergie que
recherca Napoléon, à distinguer les traits des personnes
destinées aux grandes choses, Genestas devina quelque
mystère dans cette vie obscure, et se dit en voyant ce visage
extraordinaire: — Par quel hasard est-il resté médecin de
campagne?   BALZAC, *Le Médecin de campagne.*

32**. DANTON

Un colosse à tête de 'Tartare', couturée de petite vérole,
d'une laideur tragique et terrible, un masque convulsé de
'bouledogue' grondant, de petits yeux enfoncés sous les

énormes plis d'un front menaçant qui remue, une voix
tonnante, des gestes de combattant, une surabondance et
un bouillonnement de sang, de colère et d'énergie, les
débordements d'une force qui semble illimitée comme celles
de la nature, une déclamation effrénée, pareille aux mugissements d'un taureau, et dont les éclats portent à travers les
fenêtres fermées jusqu'à cinquante pas dans la rue, des
images démesurées, une emphase sincère, des tressaillements
et des cris d'indignation, de vengeance, de patriotisme,...
des jurons et des gros mots, un cynisme, non pas monotone et
voulu comme celui d'Hébert, mais jaillissant, spontané et de
source vive,... un fond de sensualité joviale et de bonhomie
gouailleuse, des façons cordiales et familières, un ton de
franchise et de camaraderie, bref le dedans et les dehors les
plus propres à capter la confiance et les sympathies d'une
plèbe gauloise et parisienne, tout concourt à composer 'sa
popularité infuse et pratique' et à faire de lui 'un grand
seigneur de la sans-culotterie'.

TAINE, *Les Origines de la France contemporaine:
La Révolution*, tome III.

33***. BALZAC

Au commencement de cette étude, nous avons raconté les
velléités de dandyisme manifestées par Balzac; nous avons
dit son habit bleu à boutons d'or massif, sa canne monstrueuse surmontée d'un pavé de turquoises, ses apparitions
dans le monde et dans la loge infernale; ces magnificences
n'eurent qu'un temps, et Balzac reconnut qu'il n'était pas
propre à jouer ce rôle d'Alcibiade ou de Brummel. Chacun
a pu le rencontrer, surtout le matin, lorsqu'il courait aux
imprimeries porter la copie et chercher les épreuves, dans
un costume infiniment moins splendide. L'on se rappelle la
veste de chasse verte, à boutons de cuivre représentant des
têtes de renard, le pantalon à pied quadrillé noir et gris,
enfoncé dans de gros souliers à oreilles, le foulard rouge
tortillé en corde autour du col, et le chapeau à la fois hérissé

et glabre, à coiffe bleue déteinte par la sueur, qui couvraient plutôt qu'ils n'habillaient 'le plus fécond de nos romanciers'. Mais malgré le désordre et la pauvreté de cet accoutrement, personne n'eût été tenté de prendre pour un inconnu vulgaire ce gros homme aux yeux de flamme, aux narines mobiles, aux joues martelées de tons violents, tout illuminé de génie, qui passait emporté par son rêve comme par un tourbillon! A son aspect, la raillerie s'arrêtait sur les lèvres du gamin, et l'homme sérieux n'achevait pas le sourire ébauché. — L'on devinait un des rois de la pensée....

Cette rude vie de travail nocturne avait, malgré sa forte constitution, imprimé des traces sur la physionomie de Balzac, et nous trouvons dans *Albert Savarus* un portrait de lui, tracé par lui-même, et qui le représente tel qu'il était à cette époque (1842) avec un léger arrangement.

'...Une tête superbe: cheveux noirs mélangés déjà de quelques cheveux blancs, des cheveux comme en ont les saint Pierre et les saint Paul de nos tableaux, à boucles touffues et luisantes, des cheveux durs comme des crins, un col blanc et rond comme celui d'une femme, un front magnifique, séparé par ce sillon puissant que les grands projets, les grandes pensées, les fortes méditations inscrivent au front des grands hommes: un teint olivâtre marbré de taches rouges, un nez carré, des yeux de feu, puis les joues creusées, marquées de deux longues rides pleines de souffrances, une bouche à sourire sarde et un petit menton mince et trop court, la patte d'oie aux tempes, les yeux caves, roulant sous des arcades sourcilières comme deux globes ardents; mais malgré tous ces indices de passions violentes, un air calme, profondément résigné, la voix d'une douceur pénétrante et qui m'a surpris par sa facilité, la vraie voix de l'orateur, tantôt pure et rusée, tantôt insinuante, et tonnant quand il le faut, puis se pliant au sarcasme, et devenant alors incisive. M. Albert Savarus est de moyenne taille, ni gras ni maigre; enfin, il a des mains de prélat.'

THÉOPHILE GAUTIER, *Portraits contemporains:*
Honoré de Balzac.

34**. TAINE

Le philosophe avait alors cinquante-six ans. Enveloppé d'un pardessus de fourrure grise, avec ses lunettes, sa barbe grisonnante, il semblait un personnage du vieux temps, un alchimiste hollandais. Ses cheveux étaient collés, serrés sur sa tête, sans une ondulation. Sa figure creuse et sans teint avait des tons de bois. Il portait sa barbe à peu près comme Alfred de Musset qu'il avait tant aimé, et sa bouche eût été aisément sensuelle. Le nez était busqué, la voûte du front belle, les tempes bien renflées, encore que serrées aux approches du front, et l'arcade sourcilière nette, vive, arrêtée finement. Du fond de ces douces cavernes, le regard venaît, à la fois impatient et réservé, retardé par le savoir, semblait-il, et pressé par la curiosité! Et ce caractère, avec la lenteur des gestes, contribuait beaucoup à la dignité d'un ensemble qui aurait pu paraître un peu chétif et universitaire dans certains détails, car M. Taine, par exemple, portait cette après-midi une étroite cravate noire, en satin, comme celle que l'on met le soir.

Le jeune carabin démêla très vite que ces yeux gris de M. Taine, remarquables de douceur, de lumière et de profondeur, étaient inégaux et voyaient un peu de travers; exactement, il était bigle. Ce regard singulier, avec quelque chose de retourné en dedans, pas très net, un peu brouillé, vraiment d'un homme qui voit des abstractions et qui doit se réveiller pour saisir la réalité, contribuait à lui donner, quand il causait idées, un air de surveiller sa pensée et non son interlocuteur, et ce défaut devenait une espèce de beauté morale. MAURICE BARRÈS, *Les Déracinés*.

35**. LA VIEILLE SERVANTE

Alors on vit s'avancer sur l'estrade une petite vieille femme de maintien craintif, et qui paraissait se ratatiner dans ses pauvres vêtements. Elle avait aux pieds de grosses galoches de bois, et, le long des hanches, un grand tablier bleu. Son visage maigre, entouré d'un béguin sans bordure, était plus plissé de rides qu'une pomme de reinette flétrie, et des manches de sa camisole rouge dépassaient deux longues mains à articulations noueuses. La poussière des granges, la potasse des lessives et le suint des laines les avaient si bien encroûtées, éraillées, durcies, qu'elles semblaient sales, quoiqu'elles fussent rincées d'eau claire ; et, à force d'avoir servi, elles restaient entr'ouvertes, comme pour présenter d'elles-mêmes l'humble témoignage de tant de souffrances subies. Quelque chose d'une rigidité monacale relevait l'expression de sa figure. Rien de triste ou d'attendri n'amollissait ce regard pâle. Dans la fréquentation des animaux, elle avait pris leur mutisme et leur placidité. C'était la première fois qu'elle se voyait au milieu d'une compagnie si nombreuse, et intérieurement effarouchée par les drapeaux, par les tambours, par les messieurs en habit noir et par la croix d'honneur du Conseiller, elle demeurait tout immobile, ne sachant s'il fallait s'avancer ou s'enfuir, ni pourquoi la foule la poussait et pourquoi les examinateurs lui souriaient. Ainsi se tenait, devant ces bourgeois épanouis, ce demi-siècle de servitude.   FLAUBERT, *Madame Bovary.*

36***. LA POLKA

Reprenant vivement sa polka, elle se mit à la danser sur son tabouret, en ne tenant à terre que par la pointe des pieds. Elle jouait sans regarder, la tête retournée vers le salon, animée, souriante, le feu de la danse dans les yeux et sur les joues, ainsi qu'une petite fille qui fait danser les autres, et, tout en jouant, les suit et s'agite avec eux. Elle balançait les épaules. Son corps ondulait comme sous un enlacement, sa taille marquait le rythme. Il y avait dans sa tournure la molle indication d'un pas ébauché. Puis elle se retourna vers le piano ; sa tête se mit à battre doucement la mesure ; ses yeux coururent avec ses mains sur les touches noires et blanches. Penchée sur la musique qu'elle faisait, elle semblait battre les notes ou les caresser, leur parler, les gronder, leur sourire, les bercer, les endormir. Elle appuyait sur le tapage; elle jouait avec la mélodie; elle avait de petits mouvements tendres et de petits gestes passionnés; elle se baissait et se relevait, et le haut de son peigne d'écaille à tout moment entrait dans la lumière, puis aussitôt s'éteignait dans le noir de ses cheveux. Les deux bougies du piano, frémissantes au bruit, jetaient un éclair sur son profil ou bien croisaient leurs flammes sur son front, ses joues, son menton. L'ombre de ses boucles d'oreille, deux boules de corail, tremblait sans cesse sur la peau de son cou, et les doigts de la jeune fille couraient si vite sur le piano qu'on voyait seulement je ne sais quoi de rose qui volait.

E. et J. DE GONCOURT, Renée Mauperin.

37**. UN QUINQUAGÉNAIRE

Cet homme pouvait avoir cinquante ans. Grand, massif, le torse long, les membres musculeux et courts, il était là d'aplomb, solide, les jambes un peu écartées, comme s'il avait défié le vent.

Entièrement glabre, sa face lourde était marquée d'un singulier caractère de hardiesse et de force. Le visage carré s'élargissait vers le bas, en un puissant maxillaire pesant, légèrement projeté en avant: un menton de statue romaine. La grande bouche fermée, mal dessinée, aux lèvres minces, se marquait, aux commissures, d'un pli énergique. Le nez était large, dilaté. Les narines mobiles humaient l'air. Les joues maigres, tendues, sans graisse, dessinaient en relief les méplats vigoureux des pommettes et des muscles de la mâchoire. Des sourcils mal formés, mal plantés, perpétuelle- ment contractés, ombrageaient des yeux petits, ardents et sombres, aux sclérotiques d'un jaune brun filigrané de sang. Le front, soucieux, très lourd aussi, carré, bossué, vaste, montait haut, sous des cheveux noirs et gris, abondants, rejetés en arrière et retombant sur les oreilles, d'une façon quelque peu médiévale. Cette raide chevelure trop longue, ronde sur le front, coiffant la tête d'une sorte de casque, et brutalement coupée à hauteur des oreilles, ce pli vertical et dur des sourcils, ce regard droit, ces narines ouvertes aspirant la bataille, faisaient penser à ces têtes du XIIIe siècle en bois polychromé, images d'hommes de guerre ou de barons croisés.   MAXENCE VAN DER MEERSCH, *L'Élu.*

III. *HISTORICAL AND NARRATIVE*

38**. LES PARLEMENTS

Depuis les temps de la Fronde, la monarchie avait eu à
compter avec cette magistrature indépendante, sa propre
création, presque aussi vieille qu'elle-même et qui, peu à peu,
lui avait échappé. Louis XIV avait résolu la difficulté par
la méthode autoritaire et grâce à son prestige. Pendant son
règne, les Parlements avaient été soumis. Ranimés par la
Régence, ils s'étaient enhardis peu à peu, et leur opposition,
fondée sur le respect des droits acquis, était devenue plus
nuisible à mesure que l'État et l'administration s'étaient dé-
veloppés, avaient eu besoin d'organiser et de rendre moderne
une France constituée pièce à pièce, reprise, pièce à pièce
aussi, sur le vieux chaos de l'Europe féodale. Les ministres
du dix-huitième siècle, jusqu'au malheureux Calonne, ne
tarissent pas sur la difficulté de gouverner un pays qui avait
mis huit cents ans à former son territoire, à réunir des villes
et des provinces dans les circonstances et aux conditions
les plus diverses, où l'on se heurtait, dès que l'on voulait
changer, simplifier, améliorer quelque chose, à des excep-
tions, à des franchises, à des privilèges stipulés par contrat.
A la fin du règne de Louis XV, il apparut que les Parlements,
en s'opposant aux changements, par conséquent aux réformes et aux progrès, mettaient la monarchie dans l'im-
possibilité d'administrer, l'immobilisaient dans la routine,
et, par un attachement aveugle et intéressé aux coutumes,
la menaient à une catastrophe, car il faudrait alors tout
briser pour satisfaire aux besoins du temps. La résistance
que la monarchie avait toujours rencontrée dans son œuvre
politique et administrative, résistance qui avait pris la forme
féodale jusqu'au temps de Richelieu, prenait alors une forme
juridique et légale, plus dangereuse peut-être, parce que,
n'étant pas armée, elle n'avait pas le caractère évident et
brutal d'une sédition.

JACQUES BAINVILLE, *Histoire de France*.

39*. LE RAPPEL DES PARLEMENTS

Il [Louis XVI] céda. Les 'grandes robes' revinrent en triomphe au milieu des manifestations et, pour célébrer leur victoire, adressèrent au Roi des remontrances méprisantes et hargneuses qui étaient la négation pure et simple de son autorité.

Il était contradictoire d'annoncer une politique de progrès et d'en relever les adversaires abattus; absurde de vouloir des réformes et de s'en refuser les conditions; fou d'espérer l'obéissance en donnant des primes à la rébellion: on s'était flatté de restaurer la monarchie patriarcale avec ses grands corps équilibrés, sa noblesse autonome et ses juges indépendants. On s'était condamné à l'impuissance et à l'anarchie.

On ne tarda pas à s'en apercevoir. Le règne de Louis XVI n'est fait que de projets avortés, de promesses non tenues, de transformations arrêtées aussitôt qu'ébauchées. Toutes les tentatives de progrès, et en particulier celles qui acheminaient la France vers l'impôt égal, se brisèrent contre l'obstruction des Parlements. Les ministres rêvaient de grandes entreprises qui affranchiraient l'autorité et sauveraient la situation. Bien vite, les Parlements les ramenaient aux expédients ruineux et odieux: prolongations d'impôts et emprunts déguisés, pour lesquels il fallait encore acheter très cher leur complicité et leur silence. Ces capitulations étaient d'autant plus humiliantes que l'on avait visé plus haut et d'autant plus désastreuses que pour gagner l'appui de l'opinion on avait eu soin de répandre partout des 'rapports' ou des 'préambules' critiquant très violemment les abus que l'on prétendait abolir et que l'on finissait par conserver. Que pouvaient penser les paysans qui avaient lu à la porte de l'église les diatribes de Turgot contre la corvée, qui les avait entendues commenter du prône et à qui on annonçait, trois mois plus tard, qu'en dépit de toutes les bonnes raisons, rien ne serait changé et que la corvée continuerait à être perçue sous la même forme?

Bridé par les maîtres qu'il s'était donnés, agité et impuissant à la fois, le gouvernement n'inspirait plus ni crainte ni respect. Ses contradictions, sa faiblesse, ses reculades encourageaient la critique, la désobéissance et la révolte. Tout semblait permis contre lui et—ce qui est pis—sans risques!   PIERRE GAXOTTE, *La Révolution française.*

40***. LES CHEFS DES PUISSANCES COALISÉES

Frédéric-Guillaume et François, l'un fougueux et fantasque, l'autre empesé et entêté, bornés tous les deux, sont livrés fatalement aux conseillers. Ils n'en trouvent que de médiocres dans l'armée aussi bien que dans la chancellerie, et parmi les médiocres, ils n'écoutent que les serviles et les subalternes. A cette éruption véhémente du génie militaire et conquérant de la France, ils n'opposent que des négociateurs à recettes et des stratégistes à formules....Avec eux, de bons divisionnaires, corrects, instruits, rompus au métier, braves, précautionneux, capables de donner à leurs adversaires improvisés de beaux exemples de tenue au feu et de rudes leçons de tactique, mais perplexes, déroutés, sans invention, sans flamme, sans génie....

Quant aux ministres, ils sont médiocres....En réalité, ce sont des commis qui mènent les affaires: décrépits, secondaires, subordonnés, expéditionnaires de cour plutôt que conseillers d'État; derrière eux, les manœuvres de second plan et les machinistes du théâtre, les confidents et les courtiers d'intrigue....Enfin, pour tout avenir prochain dans ces conseils où Marie-Thérèse et Frédéric disposaient naguère de l'Europe, un Thugut et un Haugwitz, deux épaves de l'ancien régime; l'un parti de très-bas et parvenu à force d'artifice, par les chemins tortueux de la diplomatie secrète; l'autre gentilhomme libertin, frotté de théosophie, arrivé à la faveur par les rose-croix et les maîtresses.

ALBERT SOREL, *L'Europe et la Révolution.*

41***. LE CRIME DE NAPOLÉON

Les conjurés ayant tous déclaré qu'un prince devait les rejoindre, le Premier Consul résolut de faire un exemple. Quoiqu'il eût en toute occasion marqué son horreur pour l'exécution de Louis XVI, c'est à l'équivalent d'un régicide qu'il recourut à son tour pour donner à son trône un sanglant baptême républicain. Le prince annoncé par les conspirateurs royalistes ne paraissant pas, Napoléon ne voulut pas abandonner le plan qu'il avait formé. Il fit enlever de force le jeune prince de Condé, duc d'Enghien, qui se trouvait à Ettenheim, en territoire badois, et qui fut passé par les armes après un simulacre de jugement.

Ce crime était-il nécessaire pour que Napoléon devînt empereur? Même pas. La monarchie héréditaire lui venait naturellement, pour les raisons qui lui avaient déjà donné le consulat à vie. Mais la machine infernale avait aidé au succès du premier plébiscite. Le dernier pas se fit grâce à la conspiration de Georges et de Pichegru. Observant le réveil général de l'idée monarchique en France, les royalistes avaient pensé que la personne du Premier Consul était le seul obstacle à une restauration. Pour que la place fût libre aux Bourbons, il devait suffire de l'abattre. Le Premier Consul ayant échappé aux conjurés, le péril qu'il avait couru servit sa cause. On pensa que le consulat à vie était fragile et qu'une forme de gouvernement exposée à périr avec son chef n'était pas assez sûre. Du jour au lendemain, Bonaparte pouvait disparaître tandis que la dynastie de Napoléon lui survivrait et le continuerait. Alors, cet homme que ses ennemis, qui étaient les ennemis de la Révolution, voulaient détruire, 'il fallait, dit Thiers, le faire roi ou empereur pour que l'hérédité ajoutée à son pouvoir lui assurât des successeurs naturels et immédiats, et que, le crime commis en sa personne devenant inutile, on fût moins tenté de le commettre'.   JACQUES BAINVILLE, *Histoire de France.*

42**. LE SUPPLICE DU DUC D'ENGHIEN

Quand les prévôts eurent rendu l'arrêt, ils cherchèrent la loi qu'ils avaient appliquée; ils ne la connaissaient point et personne ne la leur pouvait procurer dans la forteresse. Mais comme la consigne était de ne point désemparer, ils laissèrent un blanc dans l'arrêt. C'était affaire aux légistes de le remplir après coup.... Restait l'audience réclamée par le prince: c'était une demande de sursis. Les commissaires étaient d'avis d'en tenir compte, et Hulin commença même à rédiger une lettre. Pendant qu'il y travaillait, Savary rentra dans la salle du conseil, s'informa de ce qu'on écrivait, arracha la plume des mains de Hulin, et, s'adressant aux commissaires: 'Messieurs, votre affaire est finie, le reste me regarde.' Puis il sortit précipitamment, en tirant la porte sur lui.

Voici 'le reste' qui *regardait Savary*. Le jugement portait que l'exécution aurait lieu 'de suite'. Le procès avait commencé à onze heures. A deux heures et demie, on conduisit le prisonnier près de la fosse creusée dans l'après-midi. Il voulait un prêtre. 'Veut-il donc mourir en capucin!' cria quelqu'un qui avait autorité dans ce lieu sinistre. Le prêtre fut refusé. Le prince coupa une mèche de ses cheveux, puis la remit avec un billet, écrit depuis longtemps, et son anneau d'or à l'un des officiers, en le priant de les faire tenir à la princesse de Rohan. On le laissa s'agenouiller un instant; après qu'il eut prié, il se redressa. Le signal fut donné, et il tomba mort.   ALBERT SOREL, *Lectures historiques*.

43***. WATERLOO

De toutes les batailles que Napoléon a livrées, la plus célèbre est celle qu'il a perdue. Waterloo apporte à son histoire la catastrophe, qui est l'événement dernier et principal des tragédies. Un désastre soudain, total, retentissant, tant de victoires, d'exploits stratégiques qui s'achèvent par un

effondrement militaire....Encore un élément de légende et
d'épopée qui manquait à la vie de Bonaparte. Elle se sur-
passera par le martyre, et le martyre ne tardera plus.

Refaisant en idée la bataille de Waterloo, mille historiens,
et l'empereur le premier, ont montré qu'elle aurait pu être
gagnée, qu'elle aurait dû l'être, sans se demander ce qui
serait arrivé le lendemain. Napoléon, battu, s'écroula d'un
coup. Wellington et Blucher en retraite, la guerre continuait,
la même guerre qui durait depuis vingt-trois ans. Et l'empereur risquait encore, dans cette plaine belge, la partie dont
la Belgique avait été l'essentiel enjeu. Il venait finir, avec
la vague mourante de la Révolution belliqueuse, près de
Fleurus et de Jemmapes, aux portes de Bruxelles, pour les
lieux que la République avait conquis et qu'elle s'était
acharnée, jusqu'à se renier elle-même, à conserver malgré
l'Europe.

Le dénouement se trouve au point de départ. Il apporte
le dernier résultat et l'explication d'aventures inouïes, pourtant si bien liées. La résonance lugubre de Waterloo ne
tient pas seulement à la chute d'un homme. Elle signifie,
pour les Français, la fin d'un rêve par un dur contact avec
le monde extérieur. C'est le principe d'un renoncement et
d'un repliement sur eux-mêmes, pour tout dire une humilia-
tion plus cruelle que la bataille, du moins perdue avec
honneur et avec éclat.   JACQUES BAINVILLE, *Napoléon*.

44***. LA FRANCE DE 1820

Ce qui m'a frappé le plus, à mon premier retour d'Amérique,
dans la situation de cette France à laquelle j'ai toujours été
si filialement attaché, et pour laquelle je saignais jusque sous
l'étole durant les années envahies, c'est qu'après l'Empire
et l'excès de la force militaire qui y avait prévalu, on était
subitement passé à l'excès de la parole, à la prodigalité et
à l'enflure des déclamations, des images, des promesses, et
à une confiance également aveugle en ces armes nouvelles.
Je n'entends parler ici, vous me comprenez bien, que de la

disposition morale de la société, de cette facilité d'illusion et de revirement qui nous caractérise; les restrictions peu intelligentes du pouvoir n'ont fait et ne font que l'augmenter.

Cette fougue presque universelle des esprits, si je n'avais déja été mis depuis maintes années sur mes gardes, à commencer par les conseils de mon ami M. Hamon, cette fougue crédule d'alentour aurait suffi pour m'y mettre, et m'aurait fait rentrer encore plus avant dans mon silence. Il n'est de plus en plus question que de découvertes sociales, chaque matin, et de continuelles lumières; il doit y avoir, dans cette nouvelle forme d'entraînement, de graves mécomptes pour l'avenir.

J'ai la douleur de me figurer souvent, par une moins flatteuse image, que l'ensemble matériel de la société est assez semblable à un chariot depuis longtemps très embourbé, et que, passé un certain moment d'ardeur et un certain âge, la plupart des hommes désespèrent de le voir avancer et même ne le désirent plus : mais chaque génération nouvelle arrive, jurant Dieu qu'il n'est rien de plus facile, et elle se met à l'œuvre avec une inexpérience généreuse, s'attelant de toutes parts à droite, à gauche, en travers (les places de devant étant prises), les bras dans les roues, faisant crier le pauvre vieux char par mille côtés, et risquant mainte fois de le rompre. On se lasse vite à ce jeu; les plus ardents sont bientôt écorchés et hors de combat; les meilleurs ne reparaissent jamais, et si quelques-uns, plus tard, arrivent à s'atteler en ambitieux sur le devant de la machine, ils tirent en réalité très peu, et laissent de nouveaux venus s'y prendre aussi maladroitement qu'eux d'abord, et s'y épuiser de même.

En un mot, à part une certaine générosité première, le grand nombre des hommes dans les affaires de ce monde ne suivent d'autres mobiles que les faux principes d'une expérience cauteleuse qu'ils appliquent à l'intérêt de leur nom, de leur pouvoir ou de leur bien-être.

SAINTE-BEUVE, *Volupté.*

45****. LA FRANCE SOUS LOUIS-PHILIPPE

Jamais conjonctures plus propices à toutes les mascarades sociales. Dix régimes en cinquante ans. On avait vécu comme on avait pu sous des gouvernements de vie courte et rude, tous anxieux de sonder les cœurs, aucun ennemi de la fraude. On avait assisté aux mues et aux reprises fort brusques des personnages les plus graves, aux vives substitutions de cocardes, à la fantasmagorie de la puissance, aux sorties et aux rentrées de la légitimité, de la liberté, des aigles, de Dieu même; à l'étonnant spectacle d'hommes égarés entre leurs serments, disputés par leurs souvenirs, leurs passions, leurs intérêts, leurs rancunes, leurs pronostics. Quelques-uns se sentaient confusément sur la tête tout un échafaud de coiffures, une perruque, une calotte, un bonnet rouge, un chapeau à plume tricolore, un chapeau à cornes, un chapeau bourgeois. Parfois surpris, parfois justifiés par l'événement; et tantôt par le rapatriement des lys, tantôt par le retour de flamme de 1815, tantôt par la duperie de 1830, toujours suspendus à l'instant, presque dressés à se changer du soir au matin de proscripteurs en proscrits, de suspects en magistrats, de ministres en fugitifs, ils vivaient une farce plus ou moins dangereuse, et finissaient pour la plupart, dans tous les partis et sous tous les visages, par ne plus croire qu'à l'argent. Ce caractère *positif* s'accusa sous Louis-Philippe, où l'on vit enfin l'enrichissement se proposer sans vergogne et sans fard comme suprême leçon, vérité dernière, moralité définitive d'un demi-siècle d'expériences politiques et sociales. PAUL VALÉRY, *Stendhal* in *Variété.*

46**. PARIS BRÛLANT

Jean, plein d'angoisse, se retourna vers Paris. A cette fin si claire d'un beau dimanche, le soleil oblique, au ras de l'horizon, éclairait la ville immense d'une ardente lueur rouge. On aurait dit un soleil de sang, sur une mer sans

borne. Les vitres des milliers de fenêtres braisillaient, comme
attisées sous des soufflets invisibles; les toitures s'embra-
saient, telles que des lits de charbons; les pans de murailles
jaunes, les hauts monuments, couleur de rouille, flambaient
avec les pétillements de brusques feux de fagots, dans l'air
du soir. Et n'était-ce pas la gerbe finale, le gigantesque
bouquet de pourpre, Paris entier brûlant ainsi qu'une
fascine géante, une antique forêt sèche, s'envolant au ciel
d'un coup, en un vol de flammèches et d'étincelles? Les
incendies continuaient, de grosses fumées rousses montaient
toujours, on entendait une rumeur énorme, peut-être les
derniers râles des fusillés, à la caserne Lobau, peut-être la
joie des femmes et le rire des enfants, dînant dehors après
l'heureuse promenade, assis aux portes des marchands de
vin. Des maisons et des édifices saccagés, des rues éventrées,
de tant de ruines et de tant de souffrances, la vie grondait
encore, au milieu du flamboiement de ce royal coucher
d'astre, dans lequel Paris achevait de se consumer en braise.

ÉMILE ZOLA, La Débâcle (Fasquelle).

47*. TRAJET SANS ARRÊT

Un sifflet strident retentit, et le train apparut au fond du
sombre entonnoir. Vrai train royal, rapide et court, chargé
de drapeaux français et tunisiens, et dont la locomotive
mugissante et fumante, un énorme bouquet de roses sur le
poitrail, semblait la demoiselle d'honneur d'une noce de
Léviathans.

Lancée à toute volée, elle ralentissait sa marche en
approchant. Les fonctionnaires se groupèrent, se redressant,
assurant les épées, ajustant les faux-cols, tandis que le
Nabab allait au-devant du train, le long de la voie, le sourire
obséquieux aux lèvres et le dos arrondi déjà. Le convoi
continuait très lentement. Jansoulet crut qu'il s'arrêtait et
mit la main sur la portière du wagon royal étincelant d'or
sous le noir du ciel; mais l'élan était trop fort sans doute,
le train avançait toujours, le Nabab marchant à côté,

essayant d'ouvrir cette maudite portière qui tenait ferme, et de l'autre main faisant un signe de commandement à la machine. La machine n'obéissait pas. 'Arrêtez donc !' Elle n'arrêtait pas. Impatienté, il sauta sur le marchepied garni de velours et avec sa fougue un peu impudente qui plaisait tant à l'ancien bey, il cria, sa grosse tête crépue à la portière : 'Station de Saint-Romans, Altesse.'

ALPHONSE DAUDET, *Le Nabab.*

48*. SA DERNIÈRE ESPÉRANCE

Dans le couloir, Jansoulet entendait des garçons qui parlaient :

'A-t-on des nouvelles de Mora? Il paraît qu'il est très malade.... — Laisse donc, va. Il s'en tirera encore.... Il n'y a de chance que pour ceux-là....'

Il suffit de ces quelques mots ... pour lui rendre le courage. Après tout, on en avait vu revenir d'aussi loin.... 'Si j'allais voir....' Il revint vers l'hôtel, plein d'illusion.... Vraiment l'aspect de la princière demeure avait de quoi fortifier son espoir. C'était la physionomie rassurante et tranquille des soirs ordinaires, depuis l'avenue éclairée de loin en loin, majestueuse et déserte, jusqu'au perron au pied duquel un vaste carrosse de forme antique attendait.

Dans l'antichambre, paisible aussi, brûlaient deux énormes lampes. Un valet de pied dormait dans un coin, le suisse lisait devant la cheminée. Il regarda le nouvel arrivant par-dessus ses lunettes, ne lui dit rien, et Jansoulet n'osa rien demander. Des piles de journaux gisant sur la table avec leurs bandes au nom du duc semblaient avoir été jetées là comme inutiles. Le Nabab en ouvrit un, essaya de lire; mais une marche rapide et glissante, un chuchotement de mélopée lui firent lever les yeux sur un vieillard blanc et courbé, paré de guipures comme un autel, et qui priait en s'en allant à grands pas de prêtre, sa longue soutane rouge déployée en traîne sur les tapis. C'était l'archevêque de

Paris, accompagné de deux assistants. La vision avec son murmure de bise glacée passa vite devant Jansoulet, s'engouffra dans le grand carrosse et disparut, emportant sa dernière espérance.   ALPHONSE DAUDET, *Le Nabab*.

49**. DÉPART DE LA 'LISON'

Déjà, sous la halle couverte, la Lison soufflait, fumante, attelée à un train de sept wagons, trois de deuxième classe et quatre de première. Lorsque, vers cinq heures et demie, Jacques et Pecqueux étaient arrivés au Dépôt, pour la visite, ils avaient eu un grognement d'inquiétude, devant cette neige entêtée, dont crevait le ciel noir. Et, maintenant, à leur poste, ils attendaient le coup de sifflet, les yeux au loin, au delà du porche béant de la marquise, regardant la tombée muette et sans fin des flocons rayer les ténèbres d'un frisson livide.

Le mécanicien murmura:

— Le diable m'emporte si l'on voit un signal!

— Encore si l'on peut passer! dit le chauffeur...

Des voyageurs arrivèrent, emmitouflés, chargés de valises, toute une bousculade dans le froid terrible du matin. La neige des chaussures ne se fondait même pas; et les portières se refermaient aussitôt, chacun se barricadait, le quai restait désert, mal éclairé par les lueurs louches de quelques becs de gaz; tandis que le fanal de la machine, accroché à la base de la cheminée, flambait seul, comme un œil géant, élargissant au loin, dans l'obscurité, sa nappe d'incendie.

Mais Roubaud éleva sa lanterne, donnant le signal. Le conducteur-chef siffla, et Jacques répondit, après avoir ouvert le régulateur et mis en avant le petit volant du changement de marche. On partait. Pendant une minute encore, le sous-chef suivit tranquillement du regard le train qui s'éloignait sous la tempête.

ÉMILE ZOLA, *La Bête humaine* (Fasquelle).

50**. LA 'LISON' BLOQUÉE DANS LES NEIGES

Jacques remarquait que la cause de l'arrêt, l'empâtement dans la neige, ne provenait pas des roues: celles-ci coupaient les couches les plus épaisses; c'était le cendrier, placé entre elles, qui faisait obstacle, roulant la neige, la durcissant en paquets énormes. Et une idée lui vint.

— Il faut dévisser le cendrier.

D'abord, le conducteur-chef s'y opposa. Le mécanicien était sous ses ordres, il ne voulait pas l'autoriser à toucher à la machine. Puis, il se laissa convaincre.

— Vous en prenez la responsabilité, c'est bon !

Seulement, ce fut une dure besogne. Allongés sous la machine, le dos dans la neige qui fondait, Jacques et Pecqueux durent travailler pendant près d'une demi-heure. Heureusement que, dans le coffre à outils, ils avaient des tournevis de rechange. Enfin, au risque de se brûler et de s'écraser vingt fois, ils parvinrent à détacher le cendrier. Mais ils ne l'avaient pas encore, il s'agissait de le sortir de là-dessous. D'un poids énorme, il s'embarrassait dans les roues et les cylindres. Pourtant, à quatre, ils le tirèrent, le traînèrent en dehors de la voie, jusqu'au talus.

— Maintenant, achevons de déblayer, dit le conducteur...

— Non, non, c'est assez déblayé, déclara Jacques. Montez, je me charge du reste.

Il était de nouveau à son poste, avec Pecqueux, et lorsque les deux conducteurs eurent regagné leurs fourgons, il tourna lui-même le robinet du purgeur. Le jet de vapeur brûlante, assourdi, acheva de fondre les paquets qui adhéraient encore aux rails. Puis, la main au volant, il fit machine arrière. Lentement, il recula d'environ trois cents mètres, pour prendre du champ. Et, ayant poussé au feu, dépassant même la pression permise, il revint contre le mur qui barrait la voie, il y jeta la Lison, de toute sa masse, de tout le poids du train qu'elle traînait. Elle eut un han ! terrible de

bûcheron qui enfonce la cognée, sa forte charpente de fer
et de fonte en craqua. Mais elle ne put passer encore, elle
s'était arrêtée, fumante, toute vibrante du choc. Alors, à
deux autres reprises, il dut recommencer la manœuvre,
recula, fonça sur la neige, pour l'emporter; et, chaque fois,
la Lison, raidissant les reins, buta du poitrail, avec son
souffle enragé de géante. Enfin, elle parut reprendre haleine,
elle banda ses muscles de métal en un suprême effort, et elle
passa, et lourdement le train la suivit, entre les deux murs
de la neige éventrée.

ÉMILE ZOLA, *La Bête humaine* (Fasquelle).

51***. L'EXPANSION DE PARIS (I)

Ainsi l'enceinte de 1846, après lui avoir servi de protection
avancée, était devenue la forme même de la ville. Et voilà
qu'à son tour elle pesait sur Paris, l'empêchait de se dévelop-
per naturellement. Une fois de plus il devait renoncer à
trouver sa forme par lui-même. Le rempart émoussait l'élan
des quartiers neufs, arrêtait les avenues, les coupait de leurs
prolongements, maintenant beaucoup de rues de l'extrême
périphérie à l'état de culs-de-sacs ou de coupe-gorge, y
laissait fermenter les voyous et les ordures. De proche en
proche, la pression se communiquait jusqu'au centre. Les
rues des vieux quartiers renonçaient à s'élargir. Les an-
ciennes maisons bourgeoises ou·marchandes qu'on n'abattait
plus dégénéraient sur place en taudis purulents. Les loge-
ments noircissaient dans un air mal remué qui finissait par
vieillir comme eux. C'était l'enceinte qui, de loin, y com-
primait les familles, couchait les gens les uns contre les
autres sur des lits pliants, sur des matelas à même le sol,
dans des salles à manger au plafond bas, dans des cuisines,
des couloirs, des réduits sans fenêtre. C'était elle qui
obligeait les bâtisseurs à dresser des maisons étroites sur des
bouts de terrains taillés de travers: elle qui, peu à peu, par
écrasement, éliminait les jardins intérieurs, les cours plantées

d'arbustes; qui augmentait l'épaisseur de la circulation et commençait à la ralentir; qui, jusque sur les grands boulevards, serrait les files de voitures, rapprochait les moyeux.

JULES ROMAINS, *Les Hommes de bonne volonté*.

52***. L'EXPANSION DE PARIS (II)

Quant aux Villages, elle en avait bien happé quelques-uns, qu'elle condamnait ainsi à se dissoudre plus ou moins vite. Mais les autres, ceux qui étaient restés en dehors, se trouvaient protégés, et remis pour trois quarts de siècle à leur aise. Aucune expansion brusque de Paris ne pouvait plus les atteindre. Ils eurent le temps de grossir: les hameaux de devenir des bourgs, et les bourgs, de grandes villes. Ils ramassèrent la terre d'alentour, l'organisèrent à leur façon, pour leurs besoins, avec de courtes vues villageoises, des ambitions bornées de petits pays. Ils avaient employé ces trois quarts de siècle à tordre et à embrouiller des rues, des ruelles, des impasses, que personne n'arriverait jamais plus à détordre et à débrouiller. Ils firent des boulevards de trois cents mètres de long qui finissaient sur un mur d'usine. Ils lancèrent vers la campagne des avenues plantées d'échalas, qui se perdaient un peu plus loin dans un bas-fond de choux et de mâchefer. Pourtant ils éprouvaient le voisinage de Paris. Ils faisaient avec lui un échange d'hommes qui, d'une année à l'autre, devenait un va-et-vient plus rapide et plus compliqué. L'enceinte empêchait Paris de passer, mais laissait fuir les Parisiens. Ils allaient chercher le gîte dans cet espace d'alentour, où ils s'étaient promenés le dimanche, et que, rentrés au milieu de Paris, ils se représentaient comme une suite inépuisable de demeures rustiques, de bois, de vallons, de jardins. Pour la première fois on vit des centaines de milliers d'hommes travailler tout le jour dans une ville qu'ils n'habitaient plus. Mais la ville reprenait de maintes façons. Leurs femmes, dépaysées, venaient faire des achats dans les magasins du

centre, et réchauffer aux devantures illuminées leurs yeux
qui avaient contemplé toute la semaine une ruelle boueuse
où la nuit tombe vite.   JULES ROMAINS (*suite*).

53***. RÉFLEXIONS SUR L'AFFAIRE DREYFUS

Ce qui se mobilisait chez moi en toute ardeur dans cette
affaire, c'était mon culte de la méthode, tel que me l'avaient
inculqué la mathématique et la discipline historique, et ma
haine du littérateur avec ses chants de ténor qu'il prend
pour des raisons et son mépris de la patiente recherche dont
il est, par essence, entièrement incapable. Quant à ceux qui
invoquaient la raison d'État, je ne le leur reprochais nullement. Elle me parut toujours une doctrine fort soutenable
et j'eus toujours pour elle, avec ce goût qu'une autre partie
de moi-même a pour l'autorité, une certaine sympathie. Ce
que je leur reprochais, c'est qu'ils ne l'invoquaient pas
franchement mais voulaient nous faire croire qu'ils re-
spectaient la vérité, alors qu'ils ne cessaient de bassement
l'estropier.

Comme je devais l'écrire trente ans plus tard, je crois que
si l'État m'eût dit: 'La condamnation de Dreyfus est parfaitement injuste; mais, pour des raisons d'ordre social, je
la maintiens', j'eusse répondu: 'Dès que vous ne proclamez
plus que deux et deux font cinq et ne violez plus les lois de
l'esprit, je rentre dans ma cellule. Les États savent ce
qu'ils ont à faire et je ne les empêche pas de pratiquer le
mensonge, s'ils le jugent bon. Je les empêche de dire qu'il
est la vérité.'

Et si l'État eût ajouté: 'Vous savez bien que le peuple est
ainsi fait qu'il n'acceptera le mensonge que présenté comme
vérité; qu'il n'admettra la condamnation d'un innocent que
si on lui assure qu'il est coupable', j'eusse riposté: 'Eh bien,
éduquez le peuple. Obtenez qu'il comprenne la valeur du
mensonge. Je fais mon devoir d'intellectuel en défendant

les lois de l'esprit. Faites votre devoir de réaliste en lui apprenant à les mépriser.' En bref, ce qui se dressait en moi, c'était l'orgueil de l'intellectuel, qui sait que le social est le plus fort, mais lui aura du moins signifié qu'il n'est pas l'intellectuel; c'était l'orgueil du roseau pensant, qui souffre que la matière l'écrase, mais ne souffre pas qu'elle se dise pensante.   JULIEN BENDA, *La Jeunesse d'un Clerc.*

54**. BATAILLES DE JADIS

Assis au fond de la salle, les coudes aux genoux et le menton dans les mains, François s'émerveillait des fantaisies chevaleresques qui composaient le répertoire du *Théâtre des Marionnettes.*

Au milieu de simples paysages, flanqués d'architectures anachroniques, les plus terribles preux de l'histoire et de la légende rivalisaient de bravoure et d'éloquence. Casqués et cuirassés, le verbe fier et la moustache en croc, ils portaient la victoire dans leurs yeux. Il fallait les entendre, entre deux estocades, exhaler leurs humeurs homicides contre les Sarrazins! Tandis qu'ils s'éloignaient, ressaisis dans les aventures de la guerre, leurs lointaines amantes, sorties de la coulisse voisine, venaient se plaindre aux fleurs et aux oiseaux, puis se retiraient en des solitudes, les mains tendues vers le ciel, en agitant les cornes de leur hennin.

Mais on n'avait pas le temps de s'attendrir, car les armées ennemies, précipitant l'attaque, jetaient leurs bataillons sur la scène. Toute la salle, trépignant de joie, les excitait avec des jurons et des cris; le tambour battait; l'accordéon faisait rage. C'était un vacarme assourdissant, qui se calmait à grand'peine et reprenait tout à coup lorsqu'on voyait les païens...tournoyer dans l'air et s'abattre sur les planches où leurs bras et leurs jambes se dressaient pêle-mêle, avec des gestes impénitents....

Un homme dominait la bataille: Charlemagne. Il dépassait les plus grands de la hauteur de son casque: sa cuirasse écaillée bombait sur sa poitrine: ses éperons vermeils son-

naient sur le plancher; et il allait d'un bout à l'autre de la
scène, raide et majestueux dans les draperies de son manteau,
le sourcil autoritaire et la voix souveraine. Il était toujours
le plus fougueux dans les mêlées, au-dessus desquelles on
voyait ses joues écarlates et sa barbe luisant de colle bondir
à la façon d'un étendard.

François, immobile dans son coin, s'exaltait à ses prouesses.

EDMOND GLESENER, *Le Théâtre des Marionnettes*,
in *A la Gloire de la Belgique*.

55**. UN ÉPISODE DANS LA VIE DE BALZAC

Pour réparer cette perte, il [Balzac] s'associe à un prote,
Barbier, prend un brevet d'imprimeur, achète l'imprimerie
Laurens. Au bout de dix-huit mois on fut en plein gâchis.
Les ouvriers qui n'étaient pas payés envoyaient du papier
timbré; les créanciers assiégeaient la maison. Une fonderie
de caractères était à vendre après faillite. Balzac eut l'idée
que l'achat de cette fonderie pourrait sauver son entreprise.
Cela paraissait absurde et ne l'était pas. Il s'en rendit
acquéreur avec le secours de madame de Berny, munie d'une
procuration de son mari. Au printemps de 1828, il se vit
acculé à la faillite. Il connut alors les courses haletantes, les
montées d'escaliers le cœur battant et les descentes déses-
pérées où il semble qu'un gouffre va s'ouvrir à la dernière
marche.

Balzac s'évada de cette catastrophe. Il loua rue Cassini,
au milieu des terrains vagues, des jardins maraîchers et des
guinguettes, un étage dans un petit pavillon ombragé. Loin
de le décourager, les revers fouettaient son énergie. Il se dit
simplement que les imprimeries et les fonderies de caractères
n'étaient pas son fait. Peut-être se dit-il aussi que, sachant
ce que la vie littéraire ménage de déceptions, la vie des
affaires d'embûches et la vie tout court d'amertume, il était
mûr pour les grandes œuvres. Il revint au roman.

ANDRÉ BELLESSORT, *Balzac et son œuvre*.

56***. LA DESCENTE DES TRAVAILLEURS DANS PARIS

Ce fut surtout lorsqu'ils débouchèrent sur le boulevard Ménilmontant, qu'ils eurent la sensation de la grande descente des ouvriers dans Paris. Ils le suivirent de leur pas de promenade, ils continuèrent par le boulevard de Belleville. Et, de toutes parts, de toutes les misérables rues des faubourgs, le flot ruisselait, un exode sans fin des travailleurs, levés à l'aube, allant reprendre la dure besogne dans le petit frisson du matin. C'étaient des bourgerons, des blouses, des pantalons de velours ou de toile, de gros souliers alourdissant la marche, des mains ballantes, déformées par l'outil. Les faces dormaient encore à moitié, sans un sourire, grises et lasses, tendues là-bas, vers la tâche éternelle, toujours recommencée, avec l'unique espoir de la recommencer toujours. Et le troupeau ne cessait pas, l'armée innombrable des corps de métier, des ouvriers sans cesse après des ouvriers, toute la chair à travail manuel que Paris dévorait, dont il avait besoin pour vivre dans son luxe et dans sa jouissance.

Puis, boulevard de la Villette, boulevard de la Chapelle, et jusqu'à la butte Montmartre, boulevard Rochechouart, le défilé continua, d'autres, encore d'autres descendirent des chambres vides et froides, se noyèrent dans l'immense ville, d'où, harassés, ils ne devaient rapporter le soir qu'un pain de rancune. A présent, c'était aussi le flot des ouvrières, des jupes vives, des coups d'œil aux passants, les salaires si dérisoires que les jolies parfois ne remontaient pas, tandis que les laides, ravagées, vivaient d'eau claire. Et, plus tard, c'étaient enfin les employés, la misère décente en paletot, des messieurs qui achevaient un petit pain, marchant vite, tracassés par la terreur de ne pouvoir payer leur terme et de ne savoir comment les enfants et la femme mangeraient jusqu'à la fin du mois. Le soleil montait à l'horizon, toute la fourmilière était dehors, la journée laborieuse recommençait, avec sa dépense continue d'énergie, de courage et de souffrance.

ÉMILE ZOLA, *Paris.*

IV. *CHARACTERS*

57***. VOLTAIRE

Quoi qu'il en soit, Voltaire, même au début, avant le rire
bouffon et le rire décharné, Voltaire dans sa fleur de gaieté
et de malice était bien, par tempérament comme par principes, le poète et l'artiste d'une époque dont le but et
l'inspiration avouée était le plaisir, avant tout le plaisir.

Mais les cercles les plus agréables ne suffisaient point à
Voltaire et ne pouvaient l'enfermer : il en sortait, à tout
moment, je l'ai dit, et par des défauts et par des parties plus
sérieuses et louables. Il en sortait parce qu'il avait le *diable
au corps*, et parce qu'il avait aussi des étincelles du dieu.
Se moquer est bien amusant ; mais ce n'est qu'un mince
plaisir si l'on ne se moque des gens à leur nez et à leur barbe,
si les 'sots ennemis' qu'on drape n'en sont pas informés et
désolés ; de là mille saillies, mille escarmouches imprudentes
qui devenaient entre eux et lui des guerres à mort. Le
théâtre le livrait au public par un plus noble côté. L'histoire ne le conviait pas moins à devenir un auteur célèbre
dans le sens le plus respectable du mot, le peintre de son
siècle et du siècle précédent. Voltaire s'intéressait à tout ce
qui se passait dans le monde auprès de lui ou loin de lui ;
il y prenait part, il y prenait feu ; il s'occupait des affaires
des autres, et, pour peu que sa fibre en fût émue, il en faisait
les siennes propres.... Ce *diable d'homme* ne pouvait donc,
dans aucun cas, malgré ses velléités de retraite et de riante
sagesse, se confiner à l'existence brillante et douce d'un
Horace.   SAINTE-BEUVE, *Causeries du Lundi*, t. XIII.

58**. JUGEMENT D'ENSEMBLE SUR
VOLTAIRE

Rien n'est plus difficile que de porter un jugement d'ensemble sur Voltaire. Il est tout pétri d'amour-propre ; il en
a de toutes les sortes : entêtement de ses idées, vanité
d'auteur, vanité de bourgeois enrichi et anobli. Il est tout

nerfs, irritable, bilieux, rancunier, vindicatif, intéressé, men-
teur, flagorneur de toutes les puissances, à la fois impudent
et servile, familier et plat. Mais ce même homme a aimé ses
amis, même ceux qui le trahissaient, qui le volaient, comme
ce parasite de Thieriot. La moitié de ses ennemis étaient ses
obligés, *ses ingrats*. Intéressé comme il s'est montré souvent,
il abandonnait sans cesse à ses amis, à ses libraires, à ses
comédiens, à quelque pauvre hère, le produit de ses œuvres.
Jamais gueux de lettres ne trouva sa bourse fermée. Il se
fit le défenseur de toutes les causes justes, de tous les
innocents que les institutions ou les hommes opprimaient.
Amour du bruit, réclame de journaliste, je le veux bien:
horreur physique du sang et de la souffrance, je le veux bien
encore: mais il a aussi un vif sentiment de la justice, un réel
instinct d'humanité, de bienfaisance, de générosité. Au
fond, il y eut toujours en Voltaire un terrible gamin; il eut
infiniment de légèreté, de malice. Il manqua de gravité, de
décence, de respect d'autrui et de soi-même: qui donc en ce
siècle avait souci d'embellir son être intérieur? qui donc
n'était pas prêt à absoudre les actes *qui ne font de mal à
personne, et font du bien à quelqu'un,* mensonges ou autres?
Rousseau peut-être; et nul autre.

LANSON, *Histoire de la littérature française.*

59**. LE COMMANDANT GENESTAS

Espèce de Bayard sans faste, M. Pierre-Joseph Genestas
n'offrait en lui rien de poétique ni rien de romanesque, tant
il paraissait vulgaire. Sa tenue était celle d'un homme cossu.
Quoi qu'il n'eût que sa solde pour fortune, et que sa retraite
fût tout son avenir, néanmoins, semblable aux vieux loups
du commerce auxquels les malheurs ont fait une expérience
qui avoisine l'entêtement, le chef d'escadron gardait toujours
devant lui deux années de solde et ne dépensait jamais ses
appointements. Il était si peu joueur, qu'il regardait sa
botte quand en compagnie on demandait un rentrant ou

quelque supplément de pari pour l'écarté. Mais, s'il ne se permettait rien d'extraordinaire, il ne manquait à aucune chose d'usage. Ses uniformes lui duraient plus longtemps qu'à tout autre officier du régiment, par suite des soins qu'inspire la médiocrité de fortune, et dont l'habitude était devenue chez lui machinale. Peut-être l'eût-on soupçonné d'avarice sans l'admirable désintéressement, sans la facilité fraternelle avec lesquels il ouvrait sa bourse à quelque jeune étourdi ruiné par un coup de carte ou par toute autre folie. Il semblait avoir perdu jadis de grosses sommes au jeu, tant il mettait de délicatesse à obliger; il ne se croyait point le droit de contrôler les actions de son débiteur et ne lui parlait jamais de sa créance.

Enfant de troupe, seul dans le monde, il s'était fait une patrie de l'armée et de son régiment une famille. Aussi, rarement recherchait-on le motif de sa respectable économie, on se plaisait à l'attribuer au désir assez naturel d'augmenter la somme de son bien-être pendant ses vieux jours. A la veille de devenir lieutenant-colonel de cavalerie, il était présumable que son ambition consistait à se retirer dans quelque campagne avec la retraite et les épaulettes de colonel. Après la manœuvre, si les jeunes officiers causaient de Genestas, ils le rangeaient dans la classe des hommes qui ont obtenu au collège les prix d'excellence, et qui durant leur vie restent exacts, probes, sans passions, utiles et fades comme le pain blanc; mais les gens sérieux le jugeaient bien différemment. Souvent quelque regard, souvent une expression pleine de sens comme l'est la parole du Sauvage, échappaient à cet homme et attestaient en lui les orages de l'âme. Bien étudié, son front calme accusait le pouvoir d'imposer silence aux passions et de les refouler au fond de son cœur, pouvoir chèrement conquis par l'habitude des dangers et des malheurs imprévus de la guerre.

BALZAC, Le Médecin de campagne.

60***. M. BERNARD

Sur les voies du triage pesaient les longues rames de wagons non couverts, chargés de charbon, de gueuses de fonte, et ceux aux toits cintrés, vernis de bruine. Le trafic de coton et de laine des ports, de métal vers les aciéries, et les expéditions des houillères donnaient beaucoup. En plus des quatre-vingt-un trains réguliers de marchandises, la gare avait reçu, dans la nuit, onze facultatifs. Cette poussée achevait l'encombrement chronique et total du samedi.

L'humidité souveraine s'alimentait aux flaques crêpées par le vent. M. Bernard, le plus ancien sous-chef, sortait, à l'éclaircie, de son bureau poussiéreux. Il montrait bien son caractère, en osant se risquer avec une situation aussi chargée: trois mille wagons en gare, à s'abriter de la pluie à huit heures du matin.... La tranquillité définitive de cet homme que ne tourmentait aucune espérance, devenait précieuse dans les occasions de désarroi. Le petit personnel se réglait sur la paix contagieuse du sous-chef fixé au calme par le dégoût.

M. Bernard traversa les deux voies nues et regarda la manœuvre débrancher les trains arrivés la nuit. Le surveillant Doucet lui expliqua la situation: 'Tout le travail reste à faire. Le 7205 est entier à trier sur 9.... Le 4320, le 4340 sont annoncés. On ne connaît pas leur composition; je n'ai pas de voies pour les recevoir. Il n'y a plus moyen d'y arriver.' M. Bernard lui imposa le bienfait de sa parole douce comme une bénédiction. 'On y arrivera. Depuis vingt ans je vois le triage plein. Les trains sont toujours entrés.'

D'avoir connu tant de surveillants de manœuvres renoncer à éclaircir des situations qui, cependant, s'éclaircissaient, M. Bernard savait attendre de la Nécessité qu'elle assure que ce qui doit être fait, soit fait.

PIERRE HAMP, *Le Rail.*

61*. L'ABBÉ ALAIN

Dans le pays, on avait de l'indulgence pour l'abbé. Quand on le voyait passer, sa barrette à la main, hâtant le pas, sa soutane toujours un peu crottée battant ses fortes jambes, chacun disait d'une voix placide: 'Voilà l'abbé Alain qui va à la côte.'...Lorsque le curé apparaissait et que les enfants l'avaient signalé, les femmes se penchaient entre les pots de géranium des croisées. On baissait la voix: 'Tiens, le Curé qui passe.' Et on faisait des suppositions sur le but de sa visite.

Dans le cas de l'abbé Alain, on disait d'une voix naturelle: 'Allons, voilà l'abbé Alain!' Il devait même entendre prononcer son nom. La repasseuse qui amidonnait les coiffes, assise sur une chaise, dans l'embrasure de sa porte, et qui ne manquait pas un passant, et était libre de langage avec tout le monde, lui criait d'une voix de commère moqueuse, en le voyant courir à la côte: 'Dépêchez-vous, Monsieur Alain, vous serez en retard pour la messe!' Car sa précipitation le faisait reconnaître aussi bien que sa soutane. Comme ils avaient tous quelque chose à voir avec la mer, ils lui donnaient au vol une indication sur la marée, le vent, et après un coup de mauvais temps, sur la position de son bateau à lui, l'abbé.

Il y avait de l'affection dans la manière dont les femmes le suivaient du regard, tandis que les hommes en parlaient avec une camaraderie mêlée de fierté. C'était la première fois qu'on voyait parmi eux un curé qui se moquait pas mal de l'apparence de sa soutane....

...Il semblait plus marin que prêtre. Il avait un bateau qu'il avait baptisé 'Le Rescapé'. Pendant des années il avait pourri dans la vase du golfe, venu on ne sait d'où. Les enfants jouaient autour, et personne n'avait eu l'idée de le mettre en état de reprendre la mer. Un beau jour on vit l'abbé, un vieux macfarlane verdâtre enfilé par-dessus sa soutane, qui était couché tout de son long près du bateau de plaisance et qui en examinait les blessures.

Cet hiver-là, il vint chaque jour à la côte, muni d'un marteau, de clous, d'étoupe, de coaltar, et on n'entendait que lui dans le silence de la petite baie. Le douanier de service, le paludier qui gardait sa vache sur les digues en attendant le sel de l'été suivant, donnaient un conseil par ci, un encouragement par là. Et, comme l'hiver était pluvieux, et l'abbé bien des fois trempé malgré le macfarlane, ils disaient: 'Le pauvre diable en a son content!' Mais il y avait dans leur voix plus d'amusement que de commisération. C'était un solide gaillard, et chacun d'eux savait, par expérience, que la pluie de la mer ne tue pas son homme.

MARIE LE FRANC, *Grand-Louis L'Innocent.*

62***. LE HOBEREAU

Sur cette frontière indécise où le Limousin se fait moins âpre et le Périgord plus sauvage, on a toujours vu foisonner une petite noblesse terrienne, gourmande, besogneuse et faraude. Quand elle donne sa fleur, elle produit les Mortemart, les Noailles ou les Saint-Chamans; quand elle demeure à l'état fruste, elle continue les Pourceaugnac. Partout vous voyez en passant, derrière nos arbres, sur nos coteaux, une grosse ferme à pigeonnier, une maison flanquée de tourelles. Beaucoup de ces vieilles bâtisses ne servent plus que de greniers ou de granges, quand elles ne sont pas un perchoir pour tous les oiseaux de nuit. Tourmentés d'un désir de fortune, les maîtres ont fait comme les métayers: ils sont partis eux aussi pour la ville, où volontiers ils acceptent ces professions ambulantes—agents de compagnies d'assurances, représentants de maisons d'automobiles—qui tiennent de la chasse et du jeu et qui les font vivre au café. Ceux qui restent, ceux qui s'attardent entre nos haies plantées de chênes donnent leur marque à ces campagnes et en font un pays à part, archaïque et romanesque. Presque tous, ils mènent entre eux une existence de bohème campagnarde. Quand ils ont vendu leur bétail, leur récolte ou leur bois, ils s'en vont faire la fête à Périgueux ou à Limoges, le temps que dure leur argent ; après quoi ils rentrent chez eux, où ils vivent toute l'année de légumes et de volailles, voire de chasse en la saison.

C'est là notre vrai hobereau. Ni l'ambition ni la gêne ne parviennent à l'arracher à ces arpents de terre où il est un personnage. Si quelqu'un de ses amis plus hardi lui raconte sa réussite dans quelque contrée lointaine, à Toulouse ou à Bordeaux, il écoute, rêve un moment ; il compare son humble destin à cette large vie qu'on lui vante ; il s'exalte, célèbre à l'envi cette existence de Cocagne, que son penchant naturel à l'exagération embellit. Vous croiriez que lui aussi va partir. Mais non, il reste dans son pigeonnier, malcontent et satisfait tout ensemble de sa médiocrité, et s'attarde à songer parfois, dans quelque chemin creux qui mène à sa gentilhommière ou bien en face d'un beau tournant de la Vienne ou de la Dordogne, à une vie chimérique dans un pays fortuné.

J. et J. THARAUD, *La Maîtresse Servante.*

V. CONVERSATIONAL

63*. L'ABBÉ BOURNISIEN

Déjà quelques-uns, qui se trouvaient arrivés, jouaient aux billes sur les dalles du cimetière. D'autres, à califourchon sur le mur, agitaient leurs jambes, en fauchant avec leurs sabots les grandes orties poussées entre la petite enceinte et les dernières tombes. C'était la seule place qui fût verte; tout le reste n'était que pierres, et couvert continuellement d'une poudre fine, malgré le balai de la sacristie.

Les enfants en chaussons couraient là comme sur un parquet fait pour eux, et on entendait les éclats de leurs voix à travers le bourdonnement de la cloche. Il diminuait avec les oscillations de la grosse corde qui, tombant des hauteurs du clocher, traînait à terre par le bout. Des hirondelles passaient en poussant de petits cris, coupaient l'air au tranchant de leur vol, et rentraient vite dans leurs nids jaunes sous les tuiles du larmier. Au fond de l'église, une lampe brûlait, c'est-à-dire une mèche de veilleuse dans un verre suspendu. Sa lumière, de loin, semblait une tache blanchâtre qui tremblait sur l'huile. Un long rayon de soleil traversait toute la nef et rendait plus sombre encore les bas-côtés et les angles.

— Où est le curé? demanda madame Bovary à un jeune garçon qui s'amusait à secouer le tourniquet dans son trou trop lâche.

— Il va venir, répondit-il.

En effet, la porte du presbytère grinça, l'abbé Bournisien parut; les enfants, pêle-mêle, s'enfuirent dans l'église.

— Ces polissons-là! murmura l'ecclésiastique, toujours les mêmes!

Et, ramassant un catéchisme en lambeaux qu'il venait de heurter avec son pied:

— Ça ne respecte rien!

Mais dès qu'il aperçut madame Bovary:

— Excusez-moi, dit-il, je ne vous remettais pas.

Il fourra le catéchisme dans sa poche et s'arrêta, continuant à balancer entre deux doigts la lourde clef de la sacristie....

— Comment vous portez-vous? ajouta-t-il.

— Mal, répondit Emma: je souffre.

— Eh bien! moi aussi, reprit l'ecclésiastique. Ces premières chaleurs, n'est-ce pas, vous amollissent étonnamment? Enfin, que voulez-vous! Nous sommes nés pour souffrir, comme dit saint Paul. Mais M. Bovary, qu'est-ce qu'il en pense?

— Lui! fit-elle avec un geste de dédain.

— Quoi! répliqua le bonhomme tout étonné, il ne vous ordonne pas quelque chose?

— Ah! dit Emma, ce ne sont pas les remèdes de la terre qu'il me faudrait. FLAUBERT, *Madame Bovary*.

64***. QU'EST-CE QUE LA JUSTICE?

GUÉRET. Vraiment, je ne comprends pas ton attitude vis-à-vis de ces gaillards-là! Pour un peu, tout à l'heure, tu allais me désavouer devant le père Brosse, et ça, comme maladresse, c'eût été du raffinement! D'ailleurs, tu es décidément ce qu'on peut appeler un drôle de pistolet. Ou bien des susceptibilités excessives, des explosions à tout casser, un déchaînement d'autorité, ou bien la faiblesse. Jamais de mesure!...Cependant c'est avec de la mesure et de la fermeté qu'on mène les hommes, mon petit....

ROBERT. Monsieur Guéret, nous n'allons pas reprendre pour la centième fois cet échange de vues, puisqu'il y a un mot sur lequel nous n'arrivons pas à nous mettre d'accord.

GUÉRET. Tu vas me sortir encore ta 'Justice'?

ROBERT. Je ne vois pas de fermeté, je ne vois pas de mesure sans justice. Il y a là trois idées inséparables.

GUÉRET (*sans violence*). Mais, sacrée tête de mule, quand tu auras dîné vingt ans avec ce beau mot-là, tu ne connaîtras pas encore son sens exact. Pour le connaître, il faudrait qu'il prît à la justice la fantaisie de devenir absolue. Mais tant qu'elle s'obstinera à n'être qu'une manifestation de nos consciences, et tant que nos consciences différeront comme nos moustaches et nos goûts, il sera indispensable, surtout dans la direction d'une industrie comme la nôtre, de faire une moyenne entre *nos* justices qui ont une forme, et *la* justice qui est un fantôme.

ROBERT (*tranquillement mais avec foi*). Non, non, il y a une justice évidente.

GUÉRET. Où donc? Les gens qui font profession de l'appliquer ne savent pas comment s'y prendre. Les tribunaux d'appel réforment les jugements des tribunaux de première instance, et la Cour suprême casse les arrêts d'appel. La justice change avec la couleur des robes de magistrats.... Tu m'agaces à la fin avec ta justice....Crois donc en Dieu, c'est plus simple.

ROBERT. C'est la même chose.

HENRY KISTEMAECKERS, *L'Embuscade.*

65**. CHOIX D'UN MINISTRE

LE COMTE (*devenu très sérieux*). Votre Majesté pense-t-elle avoir un tempérament de joueur?

LE ROI. Non, le jeu m'ennuie.

LE COMTE. Parce que moi, qui suis assez joueur, je me vois très bien, si j'étais le roi, choisissant Denis par une impulsion de joueur.

LA REINE. Vous croyez à sa chance?

LE COMTE. Moins et plus que cela, madame. J'ai l'impression qu'il déplace avec lui une quantité de hasard beaucoup plus grande qu'un homme comme moi. Et mon hasard à moi se sent comme attiré vers cette masse.

LE ROI (*comme à part lui*). Est-ce tellement rassurant?

LA REINE (*au comte*). Je disais au roi, tout à l'heure, que cet homme-là m'inspirerait peut-être plus de confiance pour l'avenir que tel de vos politiciens soi-disant de tout repos....N'est-ce pas un peu le même sentiment que le vôtre?

LE COMTE. En quelque sorte. Mais Votre Majesté attire

notre attention, je crois, sur une particularité plus intérieure de la nature de Denis. Moi, c'est l'auréole des gens qui me frappe d'abord, leur cortège d'événements possibles.... (*Reprenant.*) Oui, sur ceci donc qu'il est encore plus homme que politicien, plus homme que doctrinaire. Si attaché qu'il pense être à ses idées, il n'est nullement improbable que le pouvoir, l'approche des grandeurs humaines dans ce qu'elles ont de plus noble ou de plus charmant (*il s'est imperceptiblement incliné vers le roi, puis vers la reine*), l'accès à des régions brillantes de la vie, aient sur lui le plus excellent effet.

Le Roi (*égayé par ces euphémismes*). En termes moins académiques, ce serait d'abord un ambitieux?

Le Comte. Ambitieux, sire... vous pensez bien que tous ces gens-là sont ambitieux. Mais tant que nous n'arrivons pas à nous représenter ce qu'ils ont exactement dans la tête quand leur ambition les travaille, ce qu'ils voient, oui, les visions, les espèces de fulgurations qui les traversent à ce moment-là, c'est comme si nous n'avions rien dit. Ambitieux! Mais votre premier chapelain l'est aussi, et votre troisième marmiton.

(*Le roi, qui a écouté avec un extrême intérêt, reste songeur.*)

La Reine. Et son ambition, à lui, vous arrivez à vous la représenter?

Le Comte (*plus léger, comme pris de remords d'avoir été si lourdement sérieux*). Que Votre Majesté me pardonne! Mais je n'y avais jamais tant pensé qu'aujourd'hui. D'ici à demain je tâcherai d'imaginer quelque chose qui sauve au moins mon amour-propre.

JULES ROMAINS, *Le Dictateur.*

66**. DE L'IMPRESSIONNISME

Girard. Vous aimez ça? Vous avez du plaisir à regarder ça? Ces tons criards, ces couleurs grinçantes?

M. Cocatrix. C'est de l'impressionnisme, évidemment.

Girard. C'est de l'impressionnisme pour bourgeois.

M. Cocatrix (*ironique*). Ce n'est pas pommadé, cependant.

Girard. Parbleu! Au contraire, c'est exagéré dans la violence. C'est brutal. Plus audacieux que le vrai. Seulement, ce n'est pas sincère. Comprenez-vous tout ce qu'il veut dire, ce petit mot-là: *sincère*? Il excuse tout, il grandit tout, il rend tout respectable. Mais vos toiles ne sont pas sincères. Elles sont faites pour vous épater, et elles vous épatent et vous les achetez pour épater vos amis qui commencent par rire et qui finissent par en acheter à leur tour pour avoir l'air d'être des connaisseurs....Voilà mon opinion.... (*Il se lève, d'un autre ton.*) Alors, pour la galette, rien à faire.

M. Cocatrix. Tous mes regrets.

Girard (*à la porte*). Ça va bien! Votre socialisme ressemble à votre goût pour la peinture nouvelle. C'est de la pose. Au fond, vous êtes pompier en art et réactionnaire en politique. Adieu!

M. Cocatrix. C'est trop fort! Monsieur, je ne vous permets pas de suspecter ma bonne foi!

Girard. Mais, vous êtes de bonne foi, c'est ce qu'il y a de rigolo. Peut-être vous ne l'avez pas toujours été. Vous ne vous rappelez pas. Vous m'avez avoué un jour que, malgré tous vos efforts, vous n'aviez pas pu tout de suite adopter, en peinture, les opinions à la mode. Alors, au vernissage, avec vos amis avancés, vous aviez trouvé un moyen de ne pas leur paraître ridicule. Lorsqu'un tableau vous plaisait, vous disiez: 'Quelle ordure!' Et vous déclariez admirables ceux qui vous repoussaient. Et vous ne vous trompiez jamais. Je connais un type dans votre genre: il a fini par se convaincre lui-meme, et, des toiles impressionnistes, il n'y en a plus d'assez extravagantes pour lui. On est forcé de lui en confectionner exprès....Allons, adieu. Ne me gardez pas rancune de vous asticoter comme je viens de le faire....Je n'oublie pas que nous avons eu des enthousiasmes communs....Vous faisiez peut-être semblant d'être convaincu, mais peu importe: les bourgeois qui

pensent ou agissent comme vous sont tout de même de bons
ouvriers pour leur propre chambardement. Adieu.

BRIEUX, Le Bourgeois aux Champs.

67*. LES PLAISIRS DE L'IMAGINATION

LÉOPOLD (*comme quelqu'un qui essaierait de raisonner un
inconscient*). Chut! monsieur.

M. PONCE. Je me tais.... Cela mord un peu? (*Léopold
lance une boulette.*) Avec quoi appâtez-vous?

LÉOPOLD (*excédé et poli*). Avec des petits pois.

M. PONCE. Il faut connaître son poisson.... Ce peuplier
dans l'eau me donne l'impression d'un peuplier du dix-
huitième siècle.... Je ne sais par quel enchaînement d'idées.
...L'imagination.... Je disais tout à l'heure, parlant de
cette imagination qui est ma seule richesse, en dépit de ma
profession.... Je rectifie; à cause, peut-être, de ma profession.... Les Postes, ce sont les lettres.... Les lettres, ce
sont les timbres.... C'est le bout du monde sur deux centi-
mètres carrés.

LÉOPOLD (*avec une certaine sympathie*). Ah! il vous
intéresse, le bout du monde?

M. PONCE. Monsieur, il m'arrive de rêver sur des timbres: c'est un cocotier qui se balance, un guerrier armé, deux
lamas sur un rocher, un lac avec un volcan.... Ah! monsieur,
les pays où je n'irai point!

LÉOPOLD (*doux*). Moi, j'y suis allé.

M. PONCE. Vraiment? Comme je vous envie!

LÉOPOLD. Oui, j'ai traîné mes guêtres sur pas mal de
ponts de navires et sous des tas d'arbres à palmes...pour
le compte du 'Planteur jamaïquais'.

M. PONCE. Maison de cafés, poivres et épices.

LÉOPOLD. Oui.

M. PONCE. Moi, je suis un stationnaire. Je suis surveillant du service des lettres en rebut, à Paris. Il n'y a que
l'esprit qui voyage...dans tous les domaines.... Vous devez
être bien heureux, monsieur!

LÉOPOLD. De quoi?

M. PONCE. De voyager.

LÉOPOLD. Si je vous disais à quoi je pense parfois, quand je me promène sous des magnolias ou dans les plantations de café de la Guadeloupe, ou d'ailleurs, vous ne me croiriez pas!

M. PONCE. A quoi pensez-vous?

LÉOPOLD. A des bêtises, monsieur: à la couleur qu'avaient les pommes en septembre, dans la boutique de la mère Douillard, là, près de la mairie, quand j'étais petit, ou à l'odeur du café chaud, l'hiver, dans un petit établissement de la rue des Martyrs où je fréquentais quand j'avais vingt ans. On arrive à se demander s'il est utile d'aller au bout du monde pour penser à cela quand on y est.

M. PONCE. Mon Dieu! Quand je prends ma petite demi-tasse au coin de la rue Réaumur et de la rue d'Aboukir, moi qui pense à l'odeur que doivent avoir les plantations de café, et qui me promène en pensée dans les forêts tropicales quand j'achète un ananas le dimanche....Ça a mordu?

LÉOPOLD. Non, non....C'est une herbe.

JEAN SARMENT, *Léopold le Bien-Aimé.*

68**. POSSIBILITÉS FORMIDABLES

LAMENDIN. Vous êtes allé en Amérique, monsieur le directeur?

LE DIRECTEUR (*peu fier*). Non. Pas encore.

LAMENDIN (*indulgent*). Vous avez idée de ce que sont des villes comme Pittsburg ou Detroit?

LE DIRECTEUR. Oui, par le cinéma.

LAMENDIN. Eh bien, imaginez juste le contraire. (*Un temps. Le Directeur imagine.*) Je veux dire qu'à mon avis (*d'un ton de rude franchise*) Donogoo est une ville ratée. Pas de plan d'ensemble. Pas d'autorité administrative. Le va-comme-je-te-pousse. Oui. Mais des possibilités formidables, et personne qui nous embête. Les gens ne pensent qu'aux sables. Ils se fichent du reste. C'est un campement pour eux. Vous me voyez venir. Je me jette sur la ville, avec mes millions. J'achète tous les emplacements dont je sais d'avance ce que je veux faire. J'ai ça pour un morceau de pain. Les malins essaient de m'avoir? Je change mes tracés. Vous comprenez la force du monsieur qui peut dire: 'C'est ici que je ferai les grands hôtels, ici l'avenue où je mettrai la poste et la Bourse', et qui peut jouer sur une marge d'un kilomètre? Pendant ce temps-là, les placers travaillent à leurs risques et pour qui, en définitive? Pour moi, qui draine les salaires et qui enregistre tranquillement mes plus-values! Ce qui ne m'empêche pas de cueillir à l'occasion un placer qui périclite ou d'en créer d'autres avec un outillage dernier cri qui me rend maître du marché. (*Il laisse un instant le Directeur sous le coup de cette évocation, puis, d'un ton de calme ironie.*) J'ajoute que si nous laissons aux Américains du Nord le temps de 'réaliser' la situation, comme ils disent, nous pourrons venir ensuite avec nos 75 millions de francs-papier!

LE DIRECTEUR (*beaucoup plus impressionné qu'il ne voudrait le paraître*). Vous estimez qu'actuellement ce capital-là suffirait?

LAMENDIN. A condition qu'il soit entièrement versé, oui. 150,000 actions de 500 francs, émises au pair. (*Accommodant.*) Versement en deux tranches, à six mois d'intervalle, à la rigueur.   JULES ROMAINS, *Donogoo*.

VI. *LITERATURE AND ART*

69***. L'ART ET LA NATURE

Au bout des champs moissonnés, sur lesquels étaient les charrettes où s'empilaient les gerbes, il y avait une centaine de créatures qui, certes, laissaient bien loin les plus hideuses conceptions que les pinceaux de Murillo, de Téniers, les plus hardis en ce genre, et les figures de Callot, ce poète de la fantaisie des misères, aient réalisées; leurs jambes de bronze, leurs têtes pelées, leurs haillons déchiquetés, leurs couleurs si curieusement dégradées, leurs déchirures humides de graisse, leurs reprises, leurs taches, les décolorations des étoffes, les trames mises à jour, enfin leur idéal du matériel des misères était dépassé, de même que les expressions avides, inquiètes, hébétées, idiotes, sauvages, de ces figures avaient, sur les immortelles compositions de ces princes de la couleur, l'avantage éternel que conserve la nature sur l'art.

Il y avait des vieilles au cou de dindon, à la paupière pelée et rouge, qui tendaient la tête comme des chiens d'arrêt devant la perdrix, des enfants silencieux comme des soldats sous les armes, de petites filles qui trépignaient comme des animaux attendant leur pâture; les caractères de l'enfance et de la vieillesse étaient opprimés sous une féroce convoitise: celle du bien d'autrui qui devenait leur bien par abus. Tous les yeux étaient ardents, les gestes menaçants, mais tous gardaient le silence en présence du comte, du garde-champêtre et du garde général. La grande propriété, les fermiers, les travailleurs et les pauvres s'y trouvaient représentés; la question sociale se dessinait nettement, car la faim avait convoqué ces figures provocantes.   BALZAC, *Les Paysans*.

70***. MOLIÈRE EN PROVINCE

Pendant des années, il descendit de Lyon dans le Midi, pour remonter à Lyon. Ce va-et-vient fut profitable aux personnages qui s'ébauchaient. Dans le Midi ils s'exerçaient à agir, à parler, à brûler les planches, à s'étourdir dans une langue savoureuse. A Lyon, ils apprenaient à être humains, inhumains, ridicules, malheureux, à penser, à calculer, derrière la phrase et la mimique.

C'est la seule période de sa vie où il voyage, où il voit du ciel, où il respire le bon de l'air, dans des paysages de Dieu, dans des cités marquées par l'art ou les passions des hommes. On retrouve le souvenir des villes du Midi dans les pièces où il est le plus content. Oh! rien n'y est dit qui peigne des choses réelles, mais sa verve prend son vol dans une heureuse mémoire. Et dans la farce turque qui emporte le *Bourgeois*, dans l'insolence rayonnante de *Scapin*, dans la griserie du *Malade*, il y a une allégresse, un tumulte de bonheur et de fertilité, derrière lesquels on entrevoit la magnifique coulée du Rhône.

La tentation pour un Parisien né avec de l'esprit c'est la satire. Elle exige une présence continue, à rebours de la comédie qui demande un total abandon. L'auteur comique et le satiriste ne sont pas frères: ils sont ennemis. L'un montre au doigt, puis il attaque; et quand il a fini, il ne reste rien que lui-même. L'autre contemple avec amour; après quoi il peint; et la peinture achevée, c'est lui-même qu'on ne voit plus. Voltaire et Beaumarchais, vifs comme Paris, pressés comme lui, sont la preuve de ce que j'avance. Écoutez leurs satires, il n'y a qu'eux qui parlent; ils sont toujours présents. Tandis que dans le Midi où on en prend, où on en laisse, où on fait la sieste, où on rêve éveillé, Molière s'est reculé dans l'ombre, et ce sont de vraies comédies qu'il a montrées dans le plein soleil.

RENÉ BENJAMIN, *Molière*.

71***. LE VRAI BOILEAU

Si un écrivain a jamais eu la vocation d'un indépendant et pas du tout celle d'un régent, c'est Boileau. Jamais il n'a pensé qu'il pût tenir une fonction de direction et de contrôle, à la manière de Chapelain, entrer dans l'administration et dans le gouvernement. Pour qu'il y soit entré malgré lui, et après sa mort bien plutôt que de son vivant, il a fallu qu'il fût pris dans un mouvement qui le dépassait, dans un génie qui n'était pas le sien, mais bien celui des lettres françaises elles-mêmes. Personne n'a moins songé à légiférer que le législateur du Parnasse, à régenter que le régent des lettres. Ce qu'on appelle l'esthétique de Boileau, les principes de Boileau, les codes de Boileau, cela a été construit après lui et d'après lui. Le militant des lettres a été fait Président des lettres d'une manière bien singulière, qui ne consiste pas dans une carrière, comme celle de Chapelain, mais dans une histoire et une aventure. On n'imagine pas Chapelain en dehors de l'Académie, autrement que comme organe de l'Académie, modérateur de l'Académie au sens où l'on était à Genève modérateur de la Compagnie des pasteurs, superacadémicien comme on dirait aujourd'hui. Au contraire, Boileau ne devait pas être de l'Académie. L'Académie repoussait Boileau. Il fallut que Louis XIV le lui imposât. Et c'est peut-être dommage. Bien des impondérables eussent été changés dans l'atmosphère de la République des Lettres si l'auteur des *Satires* avait occupé le fauteuil de l'auteur des *Provinciales*, le quarante et unième. Il eût paru à tous les yeux que Boileau est le contraire du sujet académique, alors que le préjugé a tendance à voir en lui la perfection du sujet académique. Victor Hugo ne s'y trompait pas, qui voyait en Racine le vrai classique, en Boileau l'artiste pittoresque et libre. N'exagérons pas. Mais enfin avec Boileau (Boileau et ses amis, je veux bien, tout de même Boileau surtout) entrent dans la littérature trois genres de vie qui restent des levains de la littérature : ceux de l'homme dans la rue, du jeune, du militant.   ALBERT THIBAUDET, *Boileau.*

72***. LA FONTAINE POÈTE NATIONAL

Cette épopée de La Fontaine est gauloise. Elle est hachée menu, en cent petits actes distincts, gaie et moqueuse, toujours légère et faite pour des esprits fins, comme les gens de ce pays-ci. Vingt vers leur font comprendre votre leçon

et cent vers les empêcheraient de la comprendre. Ils n'ont
pas besoin de longs détails et les longs détails les fatigue-
raient. Un petit mot de son éclair fuyant leur dévoile tout
un tableau ou tout un caractère; une clarté prolongée et forte
émousserait leur regard. Ils sont agiles, mais prompts à se
rebuter, et veulent arriver au but en trois pas. La fable, par
sa brièveté, se proportionne à leur attention si alerte et si
vite lassée. Encore faut-il qu'elle ne persévère point d'un
bout à l'autre dans le même style, mais qu'elle change,
qu'elle ondule, par toutes sortes de tours sinueux, de la joie
à la tristesse, du sérieux à la plaisanterie. La Fontaine est
le seul qui nous ait donné le vers qui nous convient, 'toujours
divers, toujours nouveau', long, puis court, puis entre les
deux, avec vingt sortes de rimes, redoublées, entrecroisées,
reculées, rapprochées, tantôt solennelles comme un hymne,
tantôt folâtres comme une chanson. Son rythme est aussi
varié que notre allure. Non plus que nous, il ne soutient pas
longtemps le même sentiment. 'Diversité, c'est sa devise.'
    J'ajoute: 'Diversité avec agrément. Rien de si fin que cet
agrément. Toutes les grâces de ce style sont 'légères'. Il
s'est comparé lui-même 'à l'abeille, au papillon' qui va de
fleur en fleur, et ne se pose qu'un instant au bord des roses
poétiques. Tous les sentiments chez lui sont tour à tour
effleurés, puis quittés; un air de tristesse, un éclair de malice,
un mouvement d'abandon, un élan d'éloquence, vingt expressions passent en un instant sur cet aimable visage. Un
sourire imperceptible les relie. Les étrangers ne l'aperçoivent
pas, tant il est fin.' Il se moque sans qu'on s'en doute, au
passage, sans insister ni appuyer. Il n'éclate pas, il ne dit
qu'à demi les choses.   TAINE, *La Fontaine*.

73***. L'ORIGINALITÉ DE LA FONTAINE

Il y a une grandeur, dans La Fontaine, dont nos académi-
ciens ne peuvent trouver la mesure. Car ils voient bien les
effets, qui sont pour désespérer tout homme qui tient une
plume. Un trait léger, égal et suffisant, qui court d'une

fable à l'autre sans se rompre jamais, sans jamais marquer
ni forcer, dessine comme une longue frise des choses humaines,
où chacun, de la nuque au talon circonscrit, trouve sa place
éternelle. Comme en *l'Éthique* de Spinoza, où toutes choses
sont fixées en leur vérité, et finalement égales devant le
jugement dernier et premier. Car, dans Spinoza aussi, le
Loup et l'Agneau, et sans rien à reprendre. Mais le vrai
spectateur ne s'est pas montré souvent. Toutes nos pensées,
ou presque, sont plaidoyers. L'importance y fait des bosses
et contorsions, que le rire, au mieux, tord à rebours: c'est
ainsi que les moqueurs redressent. Par quoi Rabelais,
Molière, Voltaire ont leur grandeur aussi; mais ils sont dans
le jeu, ce qui se voit au rire. Qui n'est pris du tout à l'importance ne rit point; le diaphragme qui se relâche s'était
donc tendu et fatigué au respect. Et y sera pris encore, et
le sait. Au lieu qu'il n'y a point de rire dans La Fontaine,
ni aucun mouvement de moquerie qui dérange la ligne. Ni
aucun cynisme, ni aucun tonneau diogénique. Tous ces
renards, fourmis, chats ou chiens, voisins ou voisines, archi-
prêtres et jardiniers sont à leur affaire, et l'on n'y voit point
de ridicule. 'Enterrer ce mort au plus vite.' Mais il faudrait
citer tout. L'homme s'est donc, cette fois, retiré du jeu.
Quand il prend ainsi le siège du juge, pour un court moment,
l'académicien lui-même retrouve la sûreté et souplesse de
main; toutefois il la perd bientôt, saisissant sa plume comme
un sceptre.

Cette sottise, qui naît aussitôt d'importance, pèse sur le
trait; quand la ligne serait juste, le dessin est vulgaire. Or
cette faute n'est point en La Fontaine; je n'y en vois aucune
trace. L'emphase n'y est jamais admirée, ni seulement
pardonnée.   ALAIN, *Propos de littérature.*

74***. LETTRES DE DIDEROT À MADEMOISELLE VOLLAND

Ici Diderot se révèle et s'épanche tout entier. Ses goûts, ses
mœurs, la tournure secrète de ses idées et de ses désirs; ce
qu'il était dans la maturité de l'âge et de la pensée; sa

sensibilité intarissable au sein des plus arides occupations et sous les paquets d'épreuves de l'*Encyclopédie*; ses affectueux retours vers les temps d'autrefois, son amour de la ville natale, de la maison paternelle...son vœu de retraite solitaire, de campagne avec peu d'amis, d'oisiveté entremêlée d'émotions et de lectures; et puis, au milieu de cette société charmante, à laquelle il se laisse aller tout en la jugeant, les figures sans nombre, gracieuses ou grimaçantes, les épisodes tendres ou bouffons qui ressortent et se croisent dans ses récits; Mme d'Épinay, les boucles de cheveux pendantes, un cordon bleu au front, langoureuse en face de Grimm...le baron d'Holbach, au ton moqueur et discordant, près de sa moitié au fin sourire; l'abbé Galiani, 'trésor dans les jours pluvieux', meuble si indispensable que 'tout le monde voudrait en avoir un à la campagne, si on en faisait chez les tabletiers'; l'incomparable portrait d''Uranie', de cette belle et auguste Mme Legendre, la plus vertueuse des coquettes, la plus désespérante des femmes qui disent: Je vous aime;—un franc parler sur les personnages célèbres; Voltaire, 'ce méchant et extraordinaire enfant des Délices', qui a beau critiquer, railler, se démener, et qui 'verra toujours au-dessus de lui une douzaine d'hommes de sa nation, qui, sans s'élever sur la pointe du pied, le passeront de la tête, car il n'est que le second dans tous les genres'; Rousseau, cet être incohérent, 'excessif, tournant perpétuellement autour d'une capucinière où il se fourrera un beau matin, et sans cesse ballotté de l'athéisme au baptême des cloches';—c'en est assez, je crois, pour indiquer que Diderot, homme, moraliste, peintre et critique, se montre à nu dans cette Correspondance, si heureusement conservée, si à propos offerte à l'admiration empressée de nos contemporains.   SAINTE-BEUVE, *Portraits littéraires*.

75***. MONTESQUIEU JEUNE

Je vois d'abord dans Montesquieu l'homme de son temps, d'un temps très spirituel, très curieux, très intelligent, très frivole, et qui semble, dans tous les sens de ce mot, ne tenir

à rien. Ce monde n'a plus d'assiette. C'est pour cela qu'il
est si amusant. Il semble danser. Il ne s'appuie à quoi que
ce soit. Il a perdu ses bases, qui étaient religion, morale, et
patriotisme sous forme de dévouement à une royauté
patriote; qui étaient encore, à un moindre degré, enthousiasme littéraire, amour du beau, conscience d'artistes. Il a
perdu une certitude, et il ne s'en est point encore fait une
nouvelle, pas même celle qui consiste à croire que, s'il n'y
en a pas encore, il y en aura une un jour, certitude sous forme
d'espérance qui sera celle du xviiie siècle, et au delà.—En
attendant, ou plutôt sans rien attendre, il s'amuse de lui-
même, se décrit dans de jolis romans satiriques, dans des
comédies sans profondeur et sans portée, et s'occupe, sans
s'en inquiéter, de sciences, ou plutôt de curiosités scienti-
fiques. Avec cela, frondeur, parce qu'il est frivole, et très
irrespectueux, des autres, comme de lui-même; se moquant
de l'antiquité autant au moins que du christianisme, et un
peu pour les mêmes raisons, l'antiquité étant une des religions
du siècle qui le précède; mettant en question l'art lui-même,
et très dédaigneux de la poésie, comme de tout ce dont il a
perdu le sens; sceptique, fin curieux, un peu médiocre et un
peu impertinent.

Montesquieu, dans sa jeunesse, est l'homme de ce temps-
là, et il lui en restera toujours quelque chose (comme aussi
dès sa jeunesse, il ne tient pas tout entier dans ce caractère).

ÉMILE FAGUET, *Le dix-huitième Siècle.*

76***. A LA RECHERCHE DU MOT JUSTE

Tu me parles de tes découragements; si tu pouvais voir les
miens! Je ne sais pas comment quelquefois les bras ne me
tombent pas de fatigue et ma tête ne s'en va pas en bouillie.
Je mène une vie âpre, déserte de toute joie extérieure, et
où je n'ai rien pour me soutenir qu'une espèce de rage
permanente qui pleure quelquefois d'impuissance, mais qui
est continuelle. J'aime mon travail d'un amour frénétique
et perverti comme un ascète; le cilice me gratte le ventre.

Quelquefois quand je me trouve vide, quand l'expression se refuse, quand, après avoir griffonné de longues pages, je découvre n'avoir pas fait une phrase, je tombe sur mon divan et j'y reste hébété dans un marais intérieur d'ennui.

Je me hais et je m'accuse de cette démence d'orgueil qui me fait palpiter après la chimère. Un quart d'heure après, tout est changé, le cœur me bat de joie. Mercredi dernier, j'ai été obligé de me lever pour aller chercher mon mouchoir de poche; les larmes me coulaient sur la figure. Je m'étais attendri moi-même en écrivant, je jouissais délicieusement, et de l'émotion de mon idée et de la phrase qui la rendait, et de la satisfaction de l'avoir trouvée; du moins je crois qu'il y avait de tout cela dans cette émotion, où les nerfs après tout avaient plus de place que le reste; il y en a dans cet ordre de plus élevées, ce sont celles où l'élément sensible n'est pour rien; elles dépassent alors la vertu en beauté morale, tant elles sont indépendantes de personnalité, de toute relation humaine. J'ai entrevu quelquefois (dans mes grands jours de soleil), à la lueur d'un enthousiasme qui faisait frissonner ma peau du talon à la racine des cheveux, un état de l'âme ainsi supérieur à la vie, pour qui la gloire ne serait rien, et le bonheur même inutile.…

FLAUBERT, *Correspondance.*

77***. REMBRANDT

A ce moment d'ailleurs, tout tournait mal, fortune, honneur, et quand il quitte le *Breestraat*, sans gîte, sans le sou, mais en règle avec ses créanciers, il n'y a plus talent ni gloire acquise qui tienne. On perd sa trace, on l'oublie, et pour le coup sa personne disparaît dans la petite vie nécessiteuse et obscure d'où il n'était, à dire vrai, jamais sorti.

En tout, comme on le voit, c'était un homme à part, un rêveur, peut-être un taciturne, quoique sa figure dise le contraire; peut-être un caractère anguleux et un peu rude, tendu, tranchant, peu commode à contredire, encore moins à convaincre, ondoyant au fond, roide en ses formes, à coup sûr un original. S'il fut célèbre et choyé et vanté d'abord, en dépit des jaloux, des gens à courte vue, des pédants et des imbéciles, on se vengea bien quand il ne fut plus là.

Dans sa pratique, il ne peignait, ne crayonnait, ne gravait comme personne. Ses œuvres étaient même, en leurs procédés, des énigmes. On admirait non sans quelque inquiétude; on le suivait sans trop le comprendre. C'était surtout à son travail qu'il avait des airs d'alchimiste. A le voir à son chevalet, avec une palette certainement engluée, d'où sortaient tant de matières lourdes, d'où se dégageaient tant d'essences subtiles, ou penché sur ses planches de cuivre et burinant contre toutes les règles—on cherchait, au bout de son burin et de sa brosse, des secrets qui venaient de plus loin. Sa manière était si nouvelle, qu'elle déroutait les esprits forts, passionnait les esprits simples. Tout ce qu'il y avait de jeune, d'entreprenant, d'insubordonné et d'étourdi parmi les écoliers peintres courait à lui. Ses disciples directs furent médiocres; la queue fut détestable.

FROMENTIN, *Les Maîtres d'autrefois.*

78***. LE SAÜL DE REMBRANDT

Le Saül de Rembrandt nous révèle jusqu'où peut atteindre une détresse humaine. Plus que les éclairs de la tunique jaune à la lumière plus profonde que l'or, les cassures du lourd manteau cramoisi et le turban gonflé de soie, sortent de l'ombre un morceau de nuque sous l'oreille et une pommette dont l'œil cave et la joue ravagée accusent le relief. Avec un geste d'enfant craintif le vieux roi cache l'autre moitié de sa figure dans le pli d'un rideau. A-t-il peur d'une de ces pensées qui battent comme une aile de chouette dans la pénombre de ses veilles, ou bien du jeune homme qui joue de la harpe devant lui, David, petit employé juif qui guette le moment de prendre la place de son patron?

L'histoire n'a pas eu la pitié qu'il fallait de Saül, jouet des caprices d'un dieu. Soldat de fortune trahi par le petit Javeh d'Israël, Rembrandt a pressenti cette version de Renan tout en élargissant sa portée jusqu'à l'universel. Le naïf Saül s'étonne devant la poussière où est réduit son éclatant passé.... Dans le mortel silence qui a suivi les chants qui l'accompagnaient aux sommets héroïques de sa carrière, il a usé ses dernières forces de vivre. Sa vertu s'en est allée dans un tremblement fébrile et la main aux maigres doigts, allongée sur le bois de la lance qui repose contre son genou, ne pourrait même plus se refermer dans le simulacre d'une menace. Il a peur de l'affront qu'il pressent et dont il est incapable de tirer vengeance. Et le voici qui demeure aux écoutes : caché derrière ce pan de rideau avec lequel il essuie une larme, il tend le cou moins encore pour épier les spectres de sa terreur que pour surprendre les fantômes exilés de sa puissance.

Comme cette peinture aide à découvrir l'amertume qui est au fond de l'apologue du vieux lion et de l'âne ! Mais la fable ne fournit en somme que l'exemple d'une goujaterie. Rembrandt, pour émouvoir la détresse du roi caduc au delà de ces limites où chavirent notre raison et notre conscience, a trouvé mieux qu'une brutale insulte : le sourire du jeune joueur de harpe qui prélude à un chant de victoire.

CHARLES BERNARD, *Saül et Rembrandt.*

79**. LA DAME AUX BRACELETS

Il y a au musée du Luxembourg un portrait de femme où la sûreté, la puissance et la liberté du métier de Charles Guérin sont plus clairement discernables qu'en aucune autre toile du même artiste. Je veux parler de la *Dame aux bracelets.* C'est par l'opulence et le chatoiement de la matière que cette œuvre commence à se saisir de vous. L'interprétation de la chair y est magnifique. Le carmin diffusé du masque brûle à force de richesse. La carnation du col et des bras nus a l'éclat d'une pesante coulée d'or brun, marbrée par les ombres froides et verdissantes des passages. La couleur des vêtements n'est pas moins splendide. Une admirable audace de coloriste se révèle dans le corsage d'un rouge corallin, martelé de touches orangées et parsemé de motifs blancs.

Rien de plus complexe que l'organisation chromatique de *la Dame aux bracelets*. L'analyse du ton y est poussée aussi loin que chez les plus subtils des impressionnistes. Cependant la fermeté des contours est telle, le jeu des valeurs est si sûr, les touches sont si habilement juxtaposées ou fondues que les traces de ce labeur analytique échappent à une rétine peu attentive ou insuffisamment exercée. Charles Guérin tend de plus en plus à dissimuler ce libre et fougueux travail du pinceau que montrent agressivement la plupart des tableaux modernes. Mais sous la netteté de l'exécution, la vigueur des accents demeure. Par la subtilité des combinaisons harmoniques, la riche plénitude du dessin qui, comme chez tous les peintres authentiques, reste toujours 'au service de la pâte', cette effigie féminine est l'œuvre d'un maître. Je veux dire d'un artiste qui, s'étant posé le plus difficile des problèmes, a su 'faire de l'impressionnisme un art solide et durable comme celui des musées'.

FERNAND ROMANET, *L'art de Charles Guérin.*

80***. UN PASTEL DE LA TOUR

Le tableau, c'est l'abbé Hubert.—Le bonhomme d'abbé est représenté à mi-jambes, assis de côté sur un bout de fauteuil, le coude appuyé sur une table couverte d'un damas vert. Devant lui, un gros in-folio, relié en veau, se dresse sur deux gros volumes jetés l'un sur l'autre, et faisant pupitre. Une de ses mains disparaît, posée sur la page ouverte; l'autre joue dans la tranche rouge du volume d'où sort une marque blanche. La figure de trois quarts, l'abbé lit. Penché sur la table, son large estomac relevant le rabat gros bleu du temps qui s'envole à demi, les lèvres avancées, la mine gourmande, il semble enfoncé en plein dans une jubilation ecclésiastique et une jouissance épicurienne de bénédictin. On le voit sucer la moelle du gros bouquin, savourer des lèvres l'épellement des lettres, des lignes, de la page. Juché sur un carton, un chandelier de cabinet à deux branches porte devant le lecteur deux bougies; une seule brûle encore, faisant flamber sur le

noir sourd du fond le prisme de sa flamme à base bleue, et
au bout du lumignon charbonné de sa mèche en feu, sa
langue de lumière blanche; de l'autre bougie, creusée, ravinée
par un fumeron, et qui a laissé pendre en grappes, en stalac-
tites, en cascades, sur la bobèche, les énormes coulées de sa
cire, il se lève en l'air deux ronds de fumée d'une lumière
éteinte à l'instant même. C'est tout le tableau.

E. et J. DE GONCOURT, *L'art du dix-huitième Siècle.*

VII. *PHILOSOPHICAL AND REFLECTIVE*

81***. LA CRITIQUE DANS LES SCIENCES

Le point essentiel dans l'étude de la nature est de découvrir les milieux des vérités connues, et de les placer dans l'ordre de leur enchaînement. On trouvait des carrières de marbre dans le sein des plus hautes montagnes, on en voyait se former sur les bords de l'Océan par le ciment du sel marin, on connaissait le parallélisme des couches de la terre; mais, répandus dans la physique, ces faits n'y jetaient aucune lumière; ils ont été rapprochés, et l'on y reconnaît les monuments de l'immersion totale ou successive de ce globe. C'est à cet ordre lumineux que le critique devrait surtout contribuer.

Il est pour les découvertes un temps de maturité avant lequel les recherches semblent infructueuses. Une vérité attend, pour éclore, la réunion de ses éléments. Ces germes ne se rencontrent et ne s'arrangent que par une longue suite de combinaisons: ainsi, ce qu'un siècle n'a fait que couver, s'il est permis de le dire, est produit par le siècle qui lui succède. C'est cette espèce de fermentation de l'esprit humain, cette digestion de nos connaissances, que le critique doit observer avec soin. Ce serait à lui de suivre pas à pas la science dans ses progrès, de marquer les obstacles qui l'ont retardée, comment ces obstacles ont été levés, et par quel enchaînement de difficultés et de solutions elle a passé du doute à la probabilité, de la probabilité à l'évidence. Par là il imposerait silence à ceux qui ne font que grossir le volume de la science, sans en augmenter le trésor; il marquerait le pas qu'elle aurait fait dans un ouvrage, ou renverrait l'ouvrage au néant, si l'auteur la laissait où il l'aurait prise. Tels seraient dans cette partie l'objet et le fruit de la critique. Combien cette réforme nous restituerait d'espace dans nos bibliothèques !

MARMONTEL, *Éléments de littérature.*

82***. DIDEROT PHILOSOPHE

La faculté philosophique du dix-huitième siècle avait besoin, pour s'individualiser en un génie, d'une tête à conception plus patiente et plus sérieuse que Voltaire, d'un cerveau moins étroit et moins effilé que Condillac....Diderot fut cet homme; Diderot, riche et fertile nature, ouverte à tous les germes, et les fécondant en son sein, les transformant presque au hasard par une force spontanée et confuse, moule vaste et bouillonnant où tout se fond, où tout se broie, où tout fermente; capacité la plus encyclopédique qui fût alors, mais capacité active, dévorante à la fois et vivifiante, animant, embrasant tout ce qui y tombe, et le renvoyant au dehors dans des torrents de flamme et aussi de fumée; Diderot, passant d'une machine à bas qu'il démonte et décrit, aux creusets de Rouelle; disséquant, s'il le veut, l'homme et ses sens aussi dextrement que Condillac, dédoublant le fil de cheveu le plus ténu sans qu'il se brise, puis tout d'un coup rentrant au sein de l'être, de l'espace, de la nature, et taillant en plein dans la grande géométrie métaphysique quelques larges lambeaux, quelques pages sublimes et lumineuses que Malebranche ou Leibniz auraient pu signer avec orgueil s'ils n'eussent été chrétiens; esprit d'intelligence, de hardiesse et de conjecture, alternant du fait à la rêverie, flottant de la majesté au cynisme, bon jusque dans son désordre, un peu mystique dans son incrédulité, et auquel n'a manqué, comme à son siècle, pour avoir l'harmonie, qu'un rayon divin, une idée régulatrice, un Dieu.

SAINTE-BEUVE, *Portraits littéraires*, t. I.

83**. L'INTELLIGENCE EN HISTOIRE

C'est cette qualité, appliquée aux grands objets de l'histoire, qui à mon avis est la qualité essentielle du narrateur, et qui, lorsqu'elle existe, amène bientôt à sa suite toutes les autres, pourvu qu'au don de la nature on joigne l'expérience, née de la pratique. En effet, avec ce que je nomme l'intelligence, on démêle bien le vrai du faux, on ne se laisse pas tromper par les vaines traditions ou les faux bruits de l'histoire, on a de la critique; on saisit bien le caractère des hommes et des temps, on n'exagère rien, on ne fait rien trop grand ou trop petit, on donne à chaque personnage ses traits véritables, on écarte le fard, de tous les ornements le plus malséant en histoire; on peint juste; on entre dans les secrets ressorts des choses, on comprend et on fait comprendre comment elles se sont accomplies; diplomatie, administration, guerre, marine, on met ces objets si divers à la portée de la plupart des esprits, parce qu'on a su les saisir dans leur généralité intelligible à tous; et quand on est arrivé ainsi à s'emparer des nombreux éléments dont un vaste récit doit se composer, l'ordre dans lequel il faut les présenter, on le trouve dans l'enchaînement des événements, car celui qui a su saisir le lien mystérieux qui les unit, la manière dont ils se sont engendrés les uns les autres, a découvert l'ordre de narration le plus beau, parce que c'est le plus naturel; et si, de plus, il n'est pas de glace devant les grandes scènes de la vie des nations, il mêle fortement le tout ensemble, le fait succéder avec aisance et vivacité; il laisse au fleuve du temps sa fluidité, sa puissance, sa grâce même, en ne forçant aucun de ses mouvements, en n'altérant aucun de ses heureux contours; enfin, dernière et suprême condition, il est équitable, parce que rien ne calme, n'abat les passions comme la connaissance profonde des hommes.

THIERS, *Histoire du Consulat et de l'Empire.*

84*. LE TÉMOIGNAGE DES CONTEMPORAINS

L'histoire ne doit pas dire seulement les choses vraies, mais les dire dans la vraie mesure, ne pas les mettre toutes à la fois sur le premier plan, ne pas subordonner les grandes en exagérant les petites. Appréciation difficile, en ce que les contemporains l'aident fort peu. Au contraire, ils travaillent tous à nous tromper en cela. Chacun, dans ses Mémoires, ne manque pas de mettre en saillie sa petite importance, telle chose secondaire, qu'il a vue, sue, ou faite. Nous-mêmes, élevés tous dans la littérature et l'histoire de ce temps, les ayant connues de bonne heure, avant toute critique, nous gardons des préjugés de sentiment sur telle œuvre ou tel acte dont la première impression s'est liée à nos souvenirs d'enfance....

C'est une œuvre virile d'historien de résister ainsi à ses propres préjugés d'enfance, à ceux de ses lecteurs, et enfin aux illusions que les contemporains eux-mêmes ont consacrées. Il lui faut une certaine force pour marcher ferme à travers tout cela, en écartant les vaines ombres, en fondant, ou rejetant même, nombre de vérités minimes qui encombreraient la voie. Mais s'il se garde ainsi, il a pour récompense de voir surgir de l'océan confus la chaîne des grandes causes vivantes. Connaissance généralement refusée aux contemporains qui ont vu jour par jour, et qui, trop près des choses, se sont souvent aveuglés du détail. Ils ont vu les victoires, les fêtes, les événements officiels, fort rarement senti la sourde circulation de la vie, certain travail latent qui pourtant un matin éclate avec la force souveraine des révolutions et change le monde.   MICHELET, *Histoire de France.*

85* *L'ANGELUS*

Un soir que la fenêtre était ouverte, et que, assise au bord, elle venait de regarder Lestiboudois, le bedeau, qui taillait le buis, elle entendit tout à coup sonner l'*Angelus*.

On était au commencement d'avril, quand les primevères sont écloses; un vent tiède se roule sur les plates-bandes labourées, et les jardins, comme des femmes, semblent faire leur toilette pour les fêtes de l'été. Par les barreaux de la tonnelle et au delà tout alentour, on voyait la rivière dans la prairie, où elle dessinait sur l'herbe des sinuosités vagabondes. La vapeur du soir passait entre les peupliers sans feuilles, estompant leurs contours d'une teinte violette, plus pâle et plus transparente qu'une gaze subtile arrêtée sur leurs branchages. Au loin, des bestiaux marchaient; on n'entendait ni leurs pas, ni leurs mugissements; et la cloche, sonnant toujours, continuait dans les airs sa lamentation pacifique.

A ce tintement répété, la pensée de la jeune femme s'égarait dans ses vieux souvenirs de jeunesse et de pension. Elle se rappela les grands chandeliers, qui dépassaient sur l'autel les vases pleins de fleurs et le tabernacle à colonnettes. Elle aurait voulu, comme autrefois, être encore confondue dans la longue ligne des voiles blancs, que marquaient de noir çà et là les capuchons raides des bonnes sœurs inclinées sur leur prie-Dieu; le dimanche, à la messe, quand elle relevait sa tête, elle apercevait le doux visage de la Vierge, parmi les tourbillons bleuâtres de l'encens qui montait. Alors un attendrissement la saisit: elle se sentit molle et tout abandonnée comme un duvet d'oiseau qui tournoie dans la tempête; et ce fut sans en avoir conscience qu'elle s'achemina vers l'église, disposée à n'importe quelle dévotion, pourvu qu'elle y courbât son âme et que son existence entière y disparût.

Elle rencontra, sur la place, Lestiboudois, qui s'en revenait; car, pour ne pas rogner la journée, il préférait interrompre sa besogne, puis la reprendre, si bien qu'il tintait l'*Angelus* selon sa commodité. D'ailleurs, la sonnerie, faite plus tôt, avertissait les gamins de l'heure du catéchisme.

FLAUBERT, Madame Bovary.

86***. RETOURS

Le plus douloureux, à mesure que l'on vieillit, mon amie, c'est qu'on connaît les lendemains, ce qui fait qu'on n'a plus de confiance dans les journées. On sait d'avance que le voyage a ses retours et que l'amour a ses retours et on désire surtout ne pas partir ni pour l'un ni pour l'autre. Pourtant je m'excite encore à l'idée d'un voyage quand revient la belle saison, mais, dérision! je sens que je voudrais surtout revivre le passé, mettre mes pas dans les vieux vestiges, mes regards dans les paysages d'autrefois, mon corps dans la mer connue

et familière. Alors peu à peu le rêve tourne à l'ironie, et
après lui avoir ri, j'en ris. A quoi bon? Si encore on se
retrouvait au même point! Mais il semble à chaque retour
que la route se soit déplacée. C'est à peine si l'on retrouve
sa maison. Il faut renouer difficilement sa vie, tant qu'il
semble qu'elle en vaille encore la peine. Vraiment, je déteste
cette période des voyages. Je n'y eus jamais depuis longtemps que des ennuis, que des surprises mauvaises, dont la
dernière me hante encore. Il me semble que la vie va de
travers, dès que je cesse de la regarder. Mais l'attention se
lasse, il faut savoir un instant fermer les yeux.

Alors, je m'en irai tout comme un autre par les routes et
par les hôtelleries vers le bout du monde, qui est le rivage
le plus proche. Quand il y avait encore des grèves solitaires,
quelles belles journées j'ai vécu près de toi, mer aux vagues
monotones! Je savais marcher pieds nus comme les pêcheurs
de la côte et vivre comme eux dans un sac de molleton. On
s'en allait très loin dans l'eau, porté comme une épave par
le flot descendant et on revenait amené par le montant. Les
pêcheurs avaient pêché et je m'étais assis sur une pointe de
rocher, heureux d'être un îlot parmi les autres, puis j'errais
par les dunes en déclamant des vers de Byron. Que ce
tableau doit vous sembler ridicule! Il est encore émouvant
pour moi.   REMY DE GOURMONT, *Lettres à l'Amazone.*

87**. L'INDUSTRIALISME ET LA POÉSIE

La lande de Lessay est une des plus considérables de cette
portion de la Normandie qu'on appelle la presqu'île du
Cotentin. Pays de culture, de vallées fertiles, d'herbages
verdoyants, de rivières poissonneuses, le Cotentin, cette
terre grasse et remuée, a pourtant, comme la Bretagne, sa
voisine, la Pauvresse-aux-Genêts, de ces parties stériles et
nues où l'homme passe et où rien ne vient, sinon une herbe
rare et quelques bruyères, bientôt desséchées. Ces lacunes
de culture, ces places vides de végétation jettent dans ces
paysages frais, riants et féconds, de soudaines interruptions

de mélancolie, des airs soucieux, des aspects sévères. Elles les ombrent d'une estompe plus noire....

Les landes sont comme les lambeaux, laissés sur le sol, d'une poésie primitive et sauvage que la main et la herse de l'homme ont déchirée. Haillons sacrés qui disparaîtront au premier jour sous le souffle de l'industrialisme moderne; car notre époque, grossièrement matérialiste et utilitaire, a pour prétention de faire disparaître toute espèce de friche et de broussailles aussi bien du globe que de l'âme humaine. Asservie aux idées de rapport, la société, cette vieille ménagère qui n'a plus de jeune que ses besoins et qui radote de ses lumières, ne comprend pas plus les divines ignorances de l'esprit, cette poésie de l'âme, qu'elle veut échanger contre de malheureuses connaissances toujours incomplètes, qu'elle n'admet la poésie des yeux, cachée et invisible sous l'apparente inutilité des choses. Pour peu que cet effroyable mouvement de la pensée moderne continue, nous n'aurons plus, dans quelques années, un pauvre bout de lande où l'imagination puisse poser son pied pour rêver, comme le héron sur une de ses pattes.

J. BARBEY D'AUREVILLY, L'Ensorcelée.

88***. DE LA VIEILLESSE: PRÉFACE

Dans la vieillesse, il nous reste l'esprit, c'est vrai. Il est certain que le cerveau vieillit moins vite que les jambes et les bras. Pour ne pouvoir plus ni courir ni lancer le disque, on peut encore jongler avec les sphères creuses des idées. L'esprit s'enrichit, quoique aux dépens de sa verdeur. L'intelligence a perdu ses charmes de vingt ans et sa peau duvetée; elle s'orne de colliers, de bagues, comme une douairière. L'âge n'a plus que la tête: il nous rend pareils à ce pays morcelé par les traités, qui n'est qu'une capitale sans territoire. Sans doute, lorsque la vie se dessèche et que les sources de la joie ont tari, de la lecture, de la causerie, et même du travail, on peut faire une sorte de fête nouvelle, ou un lendemain de fête.

Je n'ai pas voulu peindre la vieillesse. Tout le monde la connaît: elle a ses marques, ses manies, ses tares, et ses catarrhes. J'ai voulu me peindre moi-même en face de la vieillesse avec les réactions qui m'appartiennent. C'est une homéopathie à mon seul usage; elle me renforce, elle me rajeunit, mais elle peut en envieillir d'autres ou seulement les tuer. Je suis endurci contre ce poison, je l'avale par rasades comme du calvados: il me met de la chaleur au ventre, de la lumière dans les yeux. Je ne demande à personne de se saouler en ma compagnie.

La vieillesse me rebute par une sorte d'anticipation limitrophe. Il est bien possible qu'il y ait du bonheur dans la vieillesse. Cela doit être fait de renoncement, d'économie, d'altruisme. Je reconnais qu'on peut s'y caser tant bien que mal: j'ai des amis vieux, et je ne les vois pas trop malheureux. Mais c'est en retraités, avec un minimum de dépenses. On compte ses joies comme des gros sous. Je ne pourrai jamais me faire à cette épargne; c'est la misère. Comme ces rhumatisants qui, sur la plage, rassemblent avec un râteau de croupier le sable chauffé par le soleil et l'entassent contre leurs membres noueux. Veux-tu savoir quelle différence il y a entre celui qui s'est emparé de toutes les joies humaines, et celui qui a passé beaucoup d'années ou les a laissées passer? L'un vit encore après sa mort, sur l'erre de sa navigation véhémente, l'autre a péri bien longtemps avant son décès.

A. T'SERSTEVENS, Presbion, ou la Vieillesse.

89****. LA DÉMOCRATIE ET L'ESPRIT

On dit que la démocratie fait le lit de la tyrannie. Je crois assez que cela vient de ce que la démocratie manque d'esprit, ou, ce qui revient au même, de ce que la justice y est conquise comme une faveur, chacun bousculant le voisin; or, il s'en faut bien que l'égalité consiste dans un droit égal à se pousser; et l'esprit de parti fait voir cet étrange désordre à tous les degrés, de courtisans sans roi. On entend mal le suffrage si ce n'est qu'une loterie ouverte à tout ambitieux. A ce compte la tyrannie serait la perfection de la démocratie; car c'est le parti le plus fort qui élève le tyran. Le fait est que cette démocratie plébiscitaire est à peu près la seule qu'on ait vue. L'Angleterre s'en est gardée, par des combinaisons de prudence qui semblent étranges aux autres peuples. Il se peut bien aussi que la France s'organise selon les mêmes fins, mais selon une autre prudence et d'autres ruses, qui ne sont point non plus des articles d'exportation.

Ce qui est à l'œuvre dans les deux pays, c'est, je suppose, une certaine monnaie d'esprit; et l'esprit se reconnaît à ceci qu'il parle de sa place. Un marchand qui prétend raisonner de politique ne prétend pas pour cela changer de métier et se faire ministre. De tels hommes, qui commencent à ne point nous manquer trop, sont le sel des démocraties. J'en connais même qui voudraient bien désirer un tyran, mais qui ne peuvent, parce qu'ils n'abandonnent rien de leur jugement, et, sur toute opinion, de qui qu'elle vienne, frappent sans pitié; ce sont des chasseurs de sottise.

Je dis marchand, je dis administrateur; mais l'ouvrier jugeur, le paysan jugeur, dont nous avons quantité, ont encore une meilleure position, parlant très fort de leur place, et aussitôt écoutés, la main sur l'outil. Et ce que l'esprit sait, partout où il poursuit son examen, c'est que la tyrannie n'est jamais à demi tyrannique; et que le dogmatisme est nécessairement fanatique. Il n'en peut être autrement, puisque les vérités acquises sont de terribles faits, et, pour tout dire, des forces, avec les attributs des forces, et violence qui n'est jamais loin. L'expérience dira si l'on ne vit pas mieux par une active révision de toutes les vérités acquises; mais ce n'est pas premièrement une question de bonheur, car l'esprit dit qu'il le faut. De toute façon écrivons sur nos tablettes qu'une démocratie sans esprit ne peut pas durer longtemps.   ALAIN, *Propos de politique.*

90***. UN FIL INVISIBLE

Ne vous est-il jamais arrivé de sortir de chez vous, le pied
léger et l'âme heureuse, et après deux heures de courses dans
Paris, de rentrer tout mal en train, affaissé par une tristesse
sans cause, un malaise incompréhensible? Vous vous dites:
'Qu'est-ce que j'ai donc?'...Mais vous avez beau chercher,
vous ne trouvez rien. Toutes vos courses ont été bonnes, le
trottoir sec, le soleil chaud; et pourtant vous vous sentez au
cœur une angoisse douloureuse, comme l'impression d'un
chagrin ressenti.

C'est qu'en ce grand Paris, où la foule se sent inobservée
et libre, on ne peut faire un pas sans se heurter à quelque
détresse envahissante qui vous éclabousse et vous laisse sa
marque en passant. Je ne parle pas seulement des infortunes qu'on connaît, auxquelles on s'intéresse, de ces chagrins
d'ami qui sont un peu les nôtres et dont la rencontre subite
vous serre le cœur comme un remords; ni même de ces
chagrins d'indifférents qu'on n'écoute que d'une oreille, et
qui vous navrent sans qu'on s'en doute. Je parle de ces
douleurs tout à fait étrangères, qu'on n'entrevoit qu'au
passage, en une minute, dans l'activité de la course et la
confusion de la rue.

Ce sont des lambeaux de dialogues saccadés au train des
voitures, des préoccupations sourdes et aveugles qui parlent
toutes seules et très haut, des épaules lasses, des gestes fous,
des yeux de fièvre, des visages blêmes gonflés de larmes, des
deuils récents mal essuyés aux voiles noirs. Puis des détails
furtifs, et si légers! Un collet d'habit brossé, usé, qui cherche
l'ombre, une serinette sans voix tournant à vide sous un
porche, un ruban de velours au cou d'une bossue, cruellement
noué bien droit entre les épaules contrefaites....Toutes ces
visions de malheurs inconnus passent vite, et vous les oubliez
en marchant, mais vous avez senti le frôlement de leur
tristesse, vos vêtements se sont imprégnés de l'ennui qu'ils
traînaient après eux, et à la fin de la journée vous sentez

remuer tout ce qu'il y a en vous d'ému, de douloureux, parce
que sans vous en apercevoir vous avez accroché au coin
d'une rue, au seuil d'une porte, ce fil invisible qui lie toutes
les infortunes et les agite à la même secousse.

ALPHONSE DAUDET, *Contes du lundi.*

91*. LOUIS JOUE AU CERCEAU

Quand on a joué longtemps au cerceau, comme Louis Bastide,
et qu'on a eu la chance d'en trouver un qu'on aime bien, on
s'aperçoit en effet que les choses sont tout autres que dans
une course ordinaire. Essayez de trotter seul; vous serez
fatigué au bout de quelques minutes. Avec un cerceau, la
fatigue se fait attendre indéfiniment. Vous avez l'impression
de vous appuyer, presque d'être porté. Quand vous éprouvez
un instant de lassitude, il semble que le cerceau amicalement
vous passe de la force.

D'ailleurs, on n'a pas toujours besoin de courir à grande
allure. Avec du savoir-faire, on arrive à marcher presque
au pas. La difficulté est que le cerceau n'aille pas se jeter
à droite ou à gauche; ou s'accrocher aux jambes d'un passant,
qui se débat comme un rat pris au piège; ou s'aplatir sur
le sol après d'extraordinaires contorsions. Il faut savoir se
servir du bâton, donner des coups très légers, qui sont presque des frôlements, et qui accompagnent le cerceau. Il faut
surtout, entre les coups, rester maître des moindres écarts
du cerceau, grâce au bâton qui ne cesse, d'un côté ou de
l'autre, d'en caresser la tranche, qui en soutient ou en corrige
la marche, et dont la pointe intervient vivement à tout
endroit où menace de naître une embardée.

Louis Bastide aurait pu ne plus penser à ces détails, car
il jouait au cerceau depuis longtemps, et il était devenu assez
habile pour n'avoir plus besoin de calculer tous ses gestes.
Mais il avait un fond de scrupule et d'inquiétude qui l'empêchait de rien faire d'un peu important avec distraction.
Et il ne savait pas non plus être distrait pour prendre un
plaisir. Dès qu'une occupation ne l'ennuyait pas, il s'y

appliquait passionnément, et les moindres incidents lui en apparaissaient avec une netteté vibrante, avec une acuité, qui faisait de chacun d'eux quelque chose d'inoubliable. Il était né pour une présence très grande de l'esprit. Mais son attention ne l'empêchait pas de s'exalter. Et si la conduite même du cerceau ne cessait à aucun moment d'être pour lui une opération précise, effectuée dans une zone de lumière sans complaisance, la course à travers les rues devenait une aventure touffue et mystérieuse, dont l'enchaînement ressemblait à celui des rêves, et dont les péripéties inexplicables l'amenaient peu à peu, et tour à tour, à des moments d'enthousiasme, ou d'ivresse, ou de soulevante mélancolie.

JULES ROMAINS, *Les Hommes de bonne Volonté.*

92***. VITESSE

A Montlhéry, en regardant passer hier les voitures de course, j'admirais cet état pathétique où le sport automobile a su amener la machine. Là, gagner, c'est comme toujours vouloir, vouloir de toutes ses forces; mais autrefois les hommes seuls—ou à la rigueur les pur-sang—savaient gagner avec leur intelligence, leur fierté: or, aujourd'hui le métal inerte a pris vie; il est devenu l'un de nous et paie de sa personne; il se dilate au delà de ce qui est permis; on voit la matière faire l'impossible, tout comme si elle était esprit; les moteurs crient de douleur; l'huile paresseuse prend l'activité courageuse du sang; des mains du vainqueur, impassible et assis droit, des mains des conducteurs enfermés sous l'auvent courbe de leur monoplace, une sensibilité animale semblait se répandre jusqu'aux roues. L'état d'exaltation où l'effort amène l'âme s'était communiqué aux constructions les plus sûres des ingénieurs, à ces bolides coloriés, que je voyais, après la ligne droite, se jeter sur l'horizon comme le projectile se jette sur le but; mais l'horizon élastique, sans s'émouvoir, les renvoyait aux virages et les virages absorbaient leur élan furieux comme les falaises absorbent celui des tempêtes....

Je goûtais cette léthargie poétique où nous plongent les spectacles sportifs d'aujourd'hui, état second, peut-être plus propice au rêve que le calme des lacs 1830 ou la pénombre des parcs de Watteau. Certes, l'homme s'adaptera un jour à cette force brutale; nos descendants, vivant dans l'amitié de la foudre, riront de nos infimes vitesses; mais pour le moment ces jouets neufs sont encore pour nous pleins de surprises; ils nous transforment et nous grandissent; des luttes acharnées comme celles d'hier nous purifient; le spectacle merveilleux de ces coureurs dont aucun n'a connu, pendant quelques heures, la bêtise, l'inertie ou la peur, nous arrache au resquillage et à la combine où Paris vit, là-bas, sous ses fumées rousses; une épreuve comme ce Grand Prix doit rendre désormais impossible la mortelle lenteur, lenteur des instructions judiciaires, lenteur de la gendarmerie, lenteur de nos lois par rapport aux mœurs, lenteur du pays légal par rapport au pays réel, lenteur voluptueuse des partis d'ordre sous les coups droits de la révolution. Sera-ce cette fée nouvelle, la vitesse, qui va administrer à la France la purge dont elle a besoin?

PAUL MORAND, *Rond-point des Champs-Élysées.*

93***. SUR L'EAU

Jean éprouvait un sentiment de joie totale à godiller à tour de bras et à lancer sa petite embarcation sur la route d'eau mouvante qui figurait la marche contrainte de son destin. Paysages durs et hostiles; eaux maudites et perfides, tendues comme un réseau autour d'îlots déshérités, refuges de sauvagines et de bêtes de proie; puis, à leur suite, paysages heureux de verdure et d'eau, perspectives ouvertes dont le charme mouillé tient à l'effleurement d'une lumière diffuse atténuée par l'écran mobile des brouillards; chacun de ces aspects, farouches ou apaisés, Jean les retrouvait dans son âme pénétrable à leur image et les reconnaissait pour siens.

Déterminé, audacieux, créant le danger pour avoir le plaisir de le vaincre, il se lançait dans d'étroits passages encombrés d'arbres échoués et de hauts-fonds; et, mis en face d'un coude brusque, violentait la petite coque obéissante pour se trouver, avec plus de risques, devant l'obstacle inconnu.

Tantôt au contraire il prenait ses aises au fond de la barque et se servait de la godille pour gouverner: c'est qu'alors le fleuve, accumulant ses forces pour franchir un barrage, ralentissait son élan pour combattre par sa masse.

Autour de lui, la paix était profonde. Un martin-pêcheur, aux couleurs du paysage, traversa le fleuve sur un fil tendu. Son cri perçant vrilla dans le silence. A ce bruit, la couverture tirée sur les bagages s'agita. Il en sortit un œil et une touffe de poils gris: Trédze-Péus.

JEAN-FRANÇOIS D'ESTALENX, *La Route d'Eau.*

94**. LE PASSANT

On le reconnaissait, autrefois, à sa démarche; il s'en allait à petits pas, aux hasards de sa flânerie. Invisible, ou à peu près en hiver, dès que le printemps vernissait les arbres du boulevard et fleurissait les marroniers, pareil au moineau qui s'ébroue dans la lumière, il apparaissait heureux, guilleret, le nez au vent, et la commère qui accrochait un cœur de laitue dans la cage de ses canaris murmurait à ses voisines: c'est lui qui passe!

Lui, cependant, déambulait, indifférent en apparence, pour le seul plaisir de marcher dans la tiédeur du jour, de s'arrêter aux devantures, de pénétrer sous quelque vieille porte évocatrice du passé et de reprendre sa marche hésitante attirée par tous les incidents du chemin. Si quelque voiturette grinçait, chargée de fleurs, il admirait ce parterre ambulant dont le soleil avivait les nuances; parfois, pour prolonger son plaisir, il achetait un bouquet de violettes de deux sous, le respirait et l'emportait, sans se douter qu'il faisait naître à chacune des fenêtres de la rue des espoirs et des regrets et que de petites mains de vingt ans se tendaient, elles aussi, elles surtout, désireuses de posséder ce minuscule morceau de printemps.

Il disparaissait enfin. On entendait encore le bruit de ses pas; puis cet écho familier, lui-même, se mourait; l'Inconnu s'était évanoui. Il revenait parfois, à l'heure crépusculaire où les arbres sont bruissants d'oiseaux cherchant leur place pour la nuit. La lune, une lune claire et souriante, l'accompagnait; la voyageuse céleste faisait cortège à son ami. Le Passant, aujourd'hui n'existe plus. Enrégimenté, modernisé, il est devenu le Piéton....Aurait-il ri le promeneur d'autrefois en entendant prononcer ce mot!

Le voyez-vous, aujourd'hui, rêvant de Laure ou bien d'Elvire, suivant le cours de ses pensées et scandant sa marche au rythme de beaux vers? Happé par le flot qui déferle, submergé par le torrent de la foule, il serait aussitôt roulé, meurtri, écartelé, pour avoir oublié que, de nos jours, on ne croit plus au Rêve et que le Temps est de l'argent. Jugez de son effarement au milieu des bolides lancés à cent à l'heure, des klaxons déchirant l'air? Non, cet être délicieux, ce flâneur qui composait peut-être des chefs-d'œuvre, n'est plus possible; il fait partie de la préhistoire.

Après l'époque du Passant, voici l'époque du Piéton. Ce fonctionnaire de la rue, dûment stylé, prend la file sans protester et sa droite instinctivement. Prisonnier du trottoir, il court, le regard fixe, vers les îlots de rassemblement où, au coup de sifflet, toujours courant, toujours en troupe, il traverse les carrefours; à heures fixes il s'entasse dans des cages roulantes et souterraines, d'où il sort pour recommencer jusqu'à l'heure où la mort lui donne enfin le silence et le repos qu'il n'a jamais connus.

Et pourtant il existe encore, le long des rivages, des criques où se mire le ciel; dans les forêts, des clairières bourdonnantes d'insectes et des sources limpides qui, le soir, doublent les étoiles; il existe des chemins de traverse, des tournants évocateurs de surprise et d'inconnu. Sans doute y verrions-nous, par les nuits claires, à l'heure où les lapins font leurs rondes dans l'herbe odorante, errer, fantôme souriant, l'Ombre oubliée du Passant.

JEAN RENOUARD, art. in *Le Journal des Débats.*

VIII. *VERSE*

95***. L'ALBATROS

Dans l'immense largeur du Capricorne au Pôle
Le vent beugle, rugit, siffle, râle et miaule,
Et bondit à travers l'Atlantique tout blanc
De bave furieuse. Il se rue, éraflant
L'eau blême qu'il pourchasse et dissipe en buées;
Il mord, déchire, arrache et tranche les nuées
Par tronçons convulsifs où saigne un brusque éclair;
Il saisit, enveloppe et culbute dans l'air
Un tournoiement confus d'aigres cris et de plumes
Qu'il secoue et qu'il traîne aux crêtes des écumes,
Et martelant le front massif des cachalots,
Mêle à ses hurlements leurs monstrueux sanglots.
Seul, le Roi de l'espace et des mers sans rivages
Vole contre l'assaut des rafales sauvages,
D'un trait puissant et sûr, sans hâte ni retard,
L'œil dardé par-delà le livide brouillard,
De ses ailes de fer rigidement tendues
Il fend le tourbillon des rauques étendues,
Et, tranquille au milieu de l'épouvantement,
Vient, passe, et disparaît majestueusement.

LECONTE DE LISLE, *Poèmes tragiques.*

96**. RÉSIDENCE ROYALE

Les jardins réguliers aux belles ordonnances
Et que peuple le chœur des dieux de marbre blanc,
S'étendent, disposés correctement, mêlant
Pelouses et massifs en douces alternances;

Au soleil reluit la grille à fers de lances
Qui forme tout autour un cercle vigilant;
Et le cri répété d'un ramier roucoulant
Rompt le calme établi des éternels silences;

Le Palais, avec ses façades au cordeau,
Qui dans sa majesté solennelle s'étale
Garde encor sa splendeur imposante et royale:

On rêve en ces jardins le long des pièces d'eau
Où se croisent des cygnes aux ailes de neige,
Le défilé pompeux de quelque lent cortège.

HENRI DE RÉGNIER, *Premiers Poèmes.*

97*. PAN DE MUR

De la maison momie enterrée au Marais
Où, du monde cloîtré, jadis je demeurais,
L'on a pour perspective une muraille sombre
Où des pignons voisins tombe, à grands angles, l'ombre.
—A ses flancs dégradés par la pluie et les ans,
Pousse dans les gravois l'ortie aux feux cuisants,
Et sur ses pieds moisis, comme un tapis verdâtre,
La mousse se déploie et fait gercer le plâtre.
—Une treille stérile avec ses bras grimpants
Jusqu'au premier étage en festonne les pans;
Le bleu volubilis dans les fentes s'accroche,
La capucine rouge épanouit sa cloche,
—Et, mariant en l'air leurs tranchantes couleurs,
A sa fenêtre font comme un cadre de fleurs:

Car elle n'en a qu'une, et sans cesse vous'lorgne
De son regard unique ainsi que fait un borgne,
Allumant aux brasiers du soir, comme autant d'yeux,
Dans leurs mailles de plomb ses carreaux chassieux.
—Une caisse d'œillets, un pot de giroflée
Qui laisse choir au vent sa feuille étiolée....
C'est un tableau tout fait qui vaut qu'on l'étudie;
Mais il faut pour le rendre une touche hardie.

THÉOPHILE GAUTIER, *Poésies.*

98**. CHÂTEAU DE CABIDOS

Le lourd château rêvait dans l'épaisse moisson,
Sous le ciel-de-lit bleu d'un beau temps sans frisson.
Dans la cuisine l'eau jaillissait d'une pompe.
Quelques aïeux, encor qu'avec assez de pompe
Trônant dans le salon, étaient assez mal faits,
Dont les dames portaient sur le sein des bouquets.
Des fauteuils recouverts, d'un goût Louis-Philippe,
Aux souples fleurs des champs mélangeaient les tulipes.
La maîtresse du lieu faisait sonner ses clefs,
Ouvrant tout grands, de chambre en chambre, les volets,
Des rideaux de brocart y criaient comme crient
Les grillons au plus fort des flammes des prairies:
On n'avait pu parquer la campagne au dehors,
Ici continuant ses mille boutons-d'or.
On aurait beau donner deux tours à la serrure
Lorsque l'on s'en irait, que toujours la nature
Aux cheveux de soleil s'étendrait là-dedans,
Pareille à toi dans l'ombre, ô Belle-au-bois-dormant.

FRANCIS JAMMES, *Ma France poétique.*

99*. MINUETTO

La Vierge, au piano, rêve dans l'ombre exquise;
Un rayon rose et bleu tremble à ses doigts fluets;
Et sa langueur se berce au chant des menuets,
Qui ressuscite en elle une âme de marquise.

Dans le boudoir, où traîne un charme suranné,
Dont le regret confus peuple sa solitude,
Elle sourit, sans trouble et sans inquiétude,
Au rêve que ses doigts câlins ont égrené.

Puis, voici qu'à genoux, sans effrayer ses lèvres,
De beaux seigneurs musqués l'éffleurent galamment
D'un hommage, discret comme un chuchotement
Et sa candeur s'effeuille en des sourires mièvres.

ANDRÉ RIVOIRE, *Les Vierges.*

100*. HÉRAKLÈS

Ils franchissent le seuil et son double pilier,
Et dardent leur œil glauque au fond du bouclier.
Iphiklès, en sursaut, à l'aspect des deux bêtes,
De la langue qui siffle et des dents toutes prêtes,
Tremble, et son jeune cœur se glace, et pâlissant,
Dans sa terreur soudaine il jette un cri perçant,
Se débat, et veut fuir le danger qui le presse;
Mais Héraklès, debout, dans ses langes se dresse,
S'attache aux deux serpents, rive à leurs cous visqueux
Ses doigts divins, et fait, en jouant avec eux,
Leurs globes élargis sous l'étreinte subite
Jaillir comme une braise au delà de l'orbite.
Ils fouettent en vain l'air, musculeux et gonflés,
L'Enfant sacré les tient, les secoue étranglés,
Et rit en les voyant, pleins de rage et de bave,
Se tordre tout autour du bouclier concave,
Puis, il les jette morts le long des marbres blancs,
Et croise pour dormir ses petits bras sanglants.

LECONTE DE LISLE, *L'Enfance d'Héraklès.*

101*. LE PETIT PALÉMON

Le petit Palémon, grand de huit ans à peine,
Maintient en vain le bouc qui résiste et l'entraîne,
Et le force à courir à travers le jardin,
Et brusquement recule et s'élance soudain.
Ils luttent corps à corps; le bouc fougueux s'efforce;
Mais l'enfant, qui s'arc-boute et renverse le torse,
Étreint le cou rebelle entre ses petits bras,
Se gare de la corne oblique et, pas à pas,
Rouge, serrant les dents, volontaire, indomptable,
Ramène triomphant le bouc noir à l'étable.
Et Lysidé, sa mère aux belles tresses d'or,
Assise au seuil avec un bel enfant qui dort,

Se réjouit à voir sa force et son adresse,
L'appelle et, souriante, essuie avec tendresse
Son front tout en sueur où collent ses cheveux;
Et l'orgueil maternel illumine ses yeux.

ALBERT SAMAIN, *Aux Flancs du vase.*

102*. SOIR DE BATAILLE

Le choc avait été très rude. Les tribuns
Et les centurions, ralliant les cohortes,
Humaient encor dans l'air où vibraient leurs voix fortes
La chaleur du carnage et ses âcres parfums.

D'un œil morne, comptant leurs compagnons défunts,
Les soldats regardaient, comme des feuilles mortes,
Au loin, tourbillonner les archers de Phraortes;
Et la sueur coulait de leurs visages bruns.

C'est alors qu'apparut, tout hérissé de flèches,
Rouge du flux vermeil de ses blessures fraîches,
Sous la pourpre flottante et l'airain rutilant,

Au fracas des buccins qui sonnaient leur fanfare,
Superbe, maîtrisant son cheval qui s'effare,
Sur le ciel enflammé, l'Imperator sanglant.

JOSÉ-MARIA DE HEREDIA.

103*. MONOLOGUE DE DON DIÈGUE

O rage! ô désespoir! o vieillesse ennemie!
N'ai-je donc tant vécu que pour cette infamie?
Et ne suis-je blanchi dans les travaux guerriers
Que pour voir en un jour flétrir tant de lauriers?
Mon bras, qu'avec respect toute l'Espagne admire,
Mon bras, qui tant de fois a sauvé cet empire,
Tant de fois affermi le trône de son roi,
Trahit donc ma querelle, et ne fait rien pour moi?
O cruel souvenir de ma gloire passée!
Œuvre de tant de jours en un jour effacée.

Nouvelle dignité, fatale à mon bonheur!
Précipice élevé d'où tombe mon honneur!
Faut-il de votre éclat voir triompher le Comte,
Et mourir sans vengeance, ou vivre dans la honte?
Comte, sois de mon prince à présent gouverneur:
Ce haut rang n'admet point un homme sans honneur;
Et ton jaloux orgueil, par cet affront insigne,
Malgré le choix du Roi, m'en a su rendre indigne.
Et toi, de mes exploits glorieux instrument,
Mais d'un corps tout de glace inutile ornement,
Fer, jadis tant à craindre, et qui, dans cette offense,
M'as servi de parade, et non pas de défense,
Va, quitte désormais le dernier des humains,
Passe, pour me venger, en de meilleures mains.

CORNEILLE, Le Cid, I, iv.

104*. LA FUITE DE POMPÉE

Seigneur, quand par le fer les choses sont vidées,
La justice et le droit sont de vaines idées;
Et qui veut être juste en de telles saisons
Balance le pouvoir, et non pas les raisons.
Voyez donc votre force, et regardez Pompée,
Sa fortune abattue, et sa valeur trompée.
César n'est pas le seul qu'il fuie en cet état:
Il fuit et le reproche et les yeux du sénat,
Dont plus de la moitié piteusement étale
Une indigne curée aux vautours de Pharsale;
Il fuit Rome perdue, il fuit tous les Romains,
A qui par sa défaite il met les fers aux mains;
Il fuit le désespoir des peuples et des princes
Qui vengeraient sur lui le sang de leurs provinces,
Leurs États et d'argent et d'hommes épuisés,
Leurs trônes mis en cendre, et leurs sceptres brisés:
Auteur des maux de tous, il est à tous en butte,
Et fuit le monde entier écrasé sous sa chute.

CORNEILLE, Pompée.

8-2

105**. PROPOS FRANCS

Je t'ai fait comte, grand de Castille, et marquis;
Vil tas de dignités, bien gagné, mal acquis.
Agir par ruse, ou bien par force, t'est facile;
Tu te prendrais de bec avec tout un concile
Ou tu le chasserais, le démon en fût-il.
Tu sais être hardi tout en restant subtil.
Quoique fait pour ramper, tu braves la tempête.
Tu saurais, s'il le faut, pour quelque coup de tête
Te risquer, et, toi vieux, mettre l'épée au poing.
Tu conseilles le mal, mais tu ne le fais point.
N'être innocent de rien, n'être de rien coupable,
C'est ta propreté, comte, et je te crois capable
De tout, même d'aimer quelqu'un. A ce qu'on dit,
Tu t'es fait de valet brigand, et de bandit
Courtisan. Moi, j'observe en riant tes manœuvres.
J'ai du plaisir à voir serpenter les couleuvres.
Tes projets que, pensif, tu dévides sans bruit,
Sorte de fil flottant qui se perd dans la nuit,
Tes talents, ton esprit, ta fortune, ta fange,
Tout cela fait de toi quelque chose d'étrange,
De sinistre et d'ingrat dont j'aime à me servir....

VICTOR HUGO, *Torquemada.*

106***. LA PENSÉE

La pensée est une eau sans cesse jaillissante.
Elle surgit d'un jet puissant du cœur des mots,
Retombe, s'éparpille en perles, jase, chante,
Forme une aile neigeuse ou de neigeux rameaux,
Se rompt, sursaute, imite un saule au clair de lune,
S'écroule, décroît, cesse. Elle est sœur d'Ariel
Et ceint l'écharpe aux tons changeants de la Fortune
Où l'on voit par instants se jouer tout le ciel.

Et si, pour reposer leurs yeux du jour, des femmes,
Le soir, rêvent devant le jet mobile et vain
Qui pleut avec la nuit dans l'azur du bassin,
L'eau pure les caresse et rafraîchit leurs âmes
Et fait battre leurs cils et palpiter leur sein,
Tandis que la pensée en rejetant ses voiles,
Dans un nouvel essor jongle avec les étoiles.

CHARLES GUÉRIN, *Le Semeur de Cendres.*

107*. HÉLÈNE

Adieu, belle Cassandre, et vous, belle Marie,
Pour qui je fu trois ans en servage à Bourgueil;
L'une vit, l'autre est morte, et ores de son œil
Le ciel se réjouit, dont la terre est marrie.

Sur mon premier avril, d'une amoureuse envie
J'adoray vos beautez, mais vostre fier orgueil
Ne s'amollit jamais pour larmes ny pour dueil,
Tant d'une gauche main la Parque ourdit ma vie.

Maintenant, en automne encores malheureux,
Je vy comme au printemps, de nature amoureux,
Afin que tout mon age aille au gré de la peine.

Et, ore que je deusse estre exempt du harnois,
Mon colonnel m'envoye à grands coups de carquois,
Rasseiger Ilion pour conquerir Heleine.

RONSARD, *Sonnets pour Hélène.*

108*. SONNET POUR HÉLÈNE

Quand vous serez bien vieille, au soir, à la chandelle,
Assise auprès du feu, dévidant et filant,
Direz, chantant mes vers, en vous émerveillant:
'Ronsard me célébroit, du temps que j'étois belle!'

Lors vous n'aurez servante, oyant telle nouvelle,
Déjà sous le labeur à demy sommeillant,
Qui au bruit de mon nom ne s'aille réveillant,
Bénissant votre nom de louange immortelle.

Je seray sous la terre et, fantôme sans os,
Par les ombres myrteux je prendray mon repos;
Vous serez au foyer une vieille accroupie,

Regrettant mon amour et votre fier dédain.
Vivez, si m'en croyez, n'attendez à demain,
Cueillez dès aujourd'huy les roses de la vie.

RONSARD.

109**. LES RÊVES MORTS

Vois! cette mer si calme a comme un lourd bélier
Effondré tout un jour le flanc des promontoires,
Escaladé par bonds leur fumant escalier,
Et versé sur les rocs, qui hurlent sans plier,
Le frisson écumeux des longues houles noires.
Un vent frais, aujourd'hui, palpite sur les eaux;
La beauté du soleil monte et les illumine,
Et vers l'horizon pur où nagent les vaisseaux,
De la côte azurée, un tourbillon d'oiseaux
S'échappe, en arpentant l'immensité divine.
Mais, parmi les varechs, aux pointes des îlots,
Ceux qu'a brisés l'assaut sans frein de la tourmente,
Livides et sanglants sous la lourdeur des flots,
La bouche ouverte et pleine encore de sanglots,
Dardent leurs yeux hagards à travers l'eau dormante.
Ami, ton cœur profond est tel que cette mer
Qui sur le sable fin déroule ses volutes:
Il a pleuré, rugi comme l'abîme amer,
Il s'est rué cent fois contre des rocs de fer,
Tout un long jour d'ivresse et d'effroyables luttes.

Maintenant il reflue, il s'apaise, il s'abat.
Sans peur et sans désir que l'ouragan renaisse,
Sous l'immortel soleil c'est à peine s'il bat,
Mais génie, espérance, amour, force et jeunesse
Sont là, morts, dans l'écume et le sang du combat.

LECONTE DE LISLE, *Poèmes barbares.*

110**. 'UNE TEMPÊTE SOUFFLE...'

Une Tempête souffle, et sur l'immense plage
S'appesantit un ciel presque noir et cruel,
Où s'obstine le vol grisâtre d'un pétrel,
Qui le rend plus funèbre encore et plus sauvage;

Un tourbillon de sable éperdu se propage
Vers un horizon blême où tout semble irréel;
Il traîne sur la dune un lamentable appel
Fait du courroux des vents et de cris de naufrage;

Les joncs verts frissonnants sont pâles dans la brume;
Sous le morne brouillard qui roule sur la mer,
Bondit, hurle et s'écroule un tumulte d'écume;

Et dans ce vaste deuil qu'étreint ce ciel de fer,
Nous sentons dans nos cœurs l'indicible amertume
De nos baisers d'adieu flagellés par l'hiver.

AUGUSTE ANGELLIER, *A l'Amie perdue.*

111**. LES DÉESSES

Les Déesses veillent encore aux péristyles
D'un avenant sourire aux hôtes attendus,
Et leurs yeux attristés et leurs regards perdus
Vont à la perspective aux vieux décors futiles:

Parterres où les ifs taillés, en longues files,
Dressent le bronze vert de leurs cônes tondus,
Ronds-points où les jets d'eau sourdent, inattendus,
De vasque circulaire en gerbes volatiles,

Lointains boisés où se détournent des chemins
Favorables aux pas brisés des lendemains
Lourds du deuil vigilant d'éternelles absences,

Mirages automnaux des arbres effeuillés
Aux bassins dont ne trouble plus les somnolences
L'élan silencieux des Cygnes exilés.

HENRI DE RÉGNIER, *Premiers Poèmes.*

112*. LES PAONS

Les paons blancs qu'on a vus errer dans mes jardins
N'aimaient que l'aube pâle et la lune voilée
Et plus blancs que le marbre pur des blancs gradins
Étalaient largement leur roue immaculée.

Ils aimaient mon visage et mes longs voiles blancs ;
Mais leur cri détesté troublait le doux silence...
Et mes mains ont rougi les plumes de leurs flancs ;
J'ai tué les oiseaux de joie et d'innocence.

Et j'eus des paons d'orgueil dont les pas étoilés
Suivaient le reflet vert de mes écharpes bleues
En faisant rayonner par les soirs ocellés
Les astres éclatants qui constellaient leurs queues,

Mais le semblable cri, leur cri rauque et discors,
Déchirait le ciel clair d'aube et de lune où rôde
L'âme des oiseaux blancs, fidèle aux blancs décors ;
Et j'ai tué les paons aux plumes d'émeraude.

Et maintenant, hélas ! j'ai des paons inconnus,
Qui noirs, silencieux, splendides et funèbres,
Sont muets comme l'ombre, et qui semblent venus
De l'Érèbe, en rouant des gloires de ténèbres,

Et je voudrais t'entendre, ô cri des grands paons noirs
Qui marchent aux côtés de ma robe aux plis tristes,
Et que je sens frôler mes obscurs désespoirs
De leur plumage sombre ocellé d'améthystes.

GÉRARD D'HOUVILLE (MME HENRI DE RÉGNIER).

113****. L'OUBLI SUPRÊME

Que m'importe le soir puisque mon âme est pleine
De la vaste rumeur du jour où j'ai vécu!
Que d'autres en pleurant maudissent la fontaine
D'avoir entre leurs doigts écoulé son eau vaine
Où brille au fond l'argent de quelque anneau perdu.

Tous les bruits de ma vie emplissent mes oreilles
De leur écho lointain déjà et proche encor;
Une rouge saveur aux grappes de ma treille
Bourdonne sourdement son ivresse d'abeilles
Et du pampre de pourpre éclate un raisin d'or.

Le souvenir unit en ma longue mémoire
La volupté rieuse au souriant amour,
Et le Passé debout me chante, blanche ou noire,
Sur sa flûte d'ébène ou sa flûte d'ivoire,
Sa tristesse ou sa joie, au pas léger ou lourd.

Toute ma vie en moi toujours chante ou bourdonne;
Ma grappe a son abeille et ma source a son eau;
Que m'importe le soir, que m'importe l'automne,
Si l'été fut fécond et si l'aube fut bonne,
Si le désir fut fort et si l'amour fut beau?

Ce ne sera pas trop du Temps sans jours ni nombre
Et de tout le silence et de toute la nuit
Qui sur l'homme à jamais pèse au sépulcre sombre,
Ce ne sera pas trop, vois-tu, de toute l'ombre
Pour lui faire oublier ce qui vécut en lui.

HENRI DE RÉGNIER, *La Cité des eaux.*

114**. CÉSAR

César, calme César, le pied sur toute chose,
Les poings durs dans la barbe, et l'œil sombre peuplé
D'aigles et des combats du couchant contemplé,
Ton cœur s'enfle, et se sent toute-puissante Cause.

Le lac en vain palpite et lèche son lit rose;
En vain d'or précieux brille le jeune blé;
Tu durcis dans les nœuds de ton corps rassemblé
L'ordre, qui doit enfin fendre ta bouche close.

L'ample monde, au-delà de l'immense horizon,
L'Empire attend l'éclair, le décret, le tison
Qui changeront le soir en furieuse aurore.

Heureux là-bas sur l'onde, et bercé du hasard,
Un pêcheur indolent qui flotte et chante, ignore
Quelle foudre s'amasse au centre de César.

PAUL VALÉRY, *Album de vers anciens.*

115***. LES CLAIRS DE LUNE

Et voici qu'une mer d'ombre, par gerbes noires,
Contre les bords rongés du hideux continent
S'écrase, furieuse, et troue en bouillonnant
Le blême escarpement des rugueux promontoires.
Jusqu'au faîte des pics elle jaillit d'un bond,
Et, sur leurs escaliers versant des cataractes,
Écume et rejaillit, hors des gouffres sans fond,
Dans l'espace aspergé de ténèbres compactes.
Et de ces blocs disjoints, de ces lugubres flots,
De cet écroulement horrible, morne, immense,
On n'entend rien sortir, ni clameurs ni sanglots:
Le sinistre univers se dissout en silence.

Mais la Terre, plus bas, qui rêve et veille encor
Sous le pétillement des solitudes bleues,
Regarde en souriant, à des milliers de lieues,
La lune, dans l'air pur, tendre son grand arc d'or.

LECONTE DE LISLE, *Poèmes barbares.*

116*. LE LABOUREUR

Mars préside aux travaux de la jeune saison;
A peine l'aube errante au bord de l'horizon
Teinte de pâle argent la mare solitaire,
Le laboureur, fidèle ouvrier de la terre,
Penché sur la charrue, ouvre d'un soc profond
Le sein toujours blessé, le sein toujours fécond.
Sous l'inflexible joug qu'un cuir noue à leurs cornes
Les bœufs à l'œil sanglant vont, stupides et mornes,
Balançant leurs fronts lourds sur un rythme pareil.
Le soc coupe la glèbe, et reluit au soleil,
Et dans le sol antique ouvert jusqu'aux entrailles
Creuse le lit profond des futures semailles...
Le champ finit ici près du fossé bourbeux;
Le laboureur s'arrête et, dételant ses bœufs,
Un instant immobile et reprenant haleine,
Respire le vent fort qui souffle sur la plaine:
Puis, sans hâte, touchant ses bœufs de l'aiguillon,
Il repart, jusqu'au soir, pour un autre sillon.

ALBERT SAMAIN, *Aux Flancs du vase.*

117**. LES PETITES VIEILLES

Ah! que j'en ai suivi, de ces petites vieilles!
Une, entre autres, à l'heure où le soleil tombant
Ensanglante le ciel de blessures vermeilles,
Pensive, s'asseyait à l'écart sur un banc,

Pour entendre un de ces concerts, riches de cuivre,
Dont les soldats parfois inondent nos jardins,
Et qui, dans ces soirs d'or où l'on se sent revivre,
Versent quelque héroïsme au cœur des citadins.

Celle-là droite encor, fière et sentant la règle,
Humait avidement ce chant vif et guerrier;
Son œil parfois s'ouvrait comme l'œil d'un vieil aigle;
Son front de marbre avait l'air fait pour le laurier.

BAUDELAIRE, *Les Fleurs du mal* (*Les petites Vieilles*).

118*. LE VOYAGE

Partir avant le jour, à tâtons, sans voir goutte,
Sans songer seulement à demander sa route;
Aller de chute en chute, et, se traînant ainsi,
Faire un tiers du chemin jusqu'à près de midi;
Voir sur sa tête alors s'amasser les nuages,
Dans un sable mouvant précipiter ses pas,
Courir, en essuyant orages sur orages,
Vers un but incertain où l'on n'arrive pas;
Détrompé vers le soir, chercher une retraite,
Arriver haletant, se coucher, s'endormir,
On appelle cela naître, vivre, et mourir.
    La volonté de Dieu soit faite!

FLORIAN, *Fables.*

119**. LES ÉTOILES

Sur les fonds d'or pâli qu'estompe le coteau,
Vesper épanoui tremble comme un lis d'eau
Bercé dans le courant limpide d'une source.
Déjà, vers le zénith assombri la Grande Ourse

Fait rouler lentement son char mystérieux;
Cassiope égrenant son collier radieux,
La Chèvre et le Bouvier, les Pléiades fleuries
Disposent à l'entour leurs calmes théories...

Enfant, je vous voyais de mon lit d'écolier
Poindre en un coin de ciel couleur d'aigue-marine,
Tandis qu'au long des prés les grillons en sourdine
Me berçaient de leur chant rustique et familier.

J'essayais de compter vos clartés incertaines,
Mais vous naissiez si vite au-dessus de nos toits !
Le sommeil embrouillait les nombres sur mes doigts,
Que déjà dans la nuit vous montiez par centaines....

C'était comme ce soir le même poudroîment
Et sur les bois muets les mêmes légers voiles ;
On eût dit qu'un vertige entraînait les étoiles
Vers la terre assoupie en son recueillement....

ANDRÉ THEURIET, *Poésies.*

120**. MÉDITATION GRISÂTRE

Sous le ciel pluvieux noyé de brumes sales,
Devant l'Océan blême, assis sur un îlot,
Seul, loin de tout, je songe, au clapotis du flot,
Dans le concert hurlant des mourantes rafales.

Crinière échevelée, ainsi que des cavales,
Les vagues se tordant arrivent au galop
Et croulent à mes pieds avec de longs sanglots
Qu'emporte la tourmente aux haleines brutales.

Partout le grand ciel gris, le brouillard et la mer,
Rien que l'affolement des vents balayant l'air.
Plus d'heures, plus d'humains, et solitaire, morne,

Je reste là, perdu dans l'horizon lointain
Et songe que l'espace est sans borne, sans borne,
Et que le Temps n'aura jamais...jamais de fin.

JULES LAFORGUE, *Poésies.*

121**. L'ORAGE

Le soleil est brûlant comme le plomb fondu;
La nature se meurt; partout l'herbe est flétrie;
Au fond des bois, le cerf, haletant, éperdu,
Soupire et brame au bord de la source tarie.

Pas un souffle de vent, dans la plaine ternie,
N'effleure les épis de blé, roussi, tordu;
Le ruisseau ne dit plus sa fraîche symphonie
Et de l'orchestre ailé le chant est suspendu.

Mais un nuage noir, à la frange écarlate,
Estompe le couchant; la foudre brille, éclate,
Jette à tous les échos sa détonation.

Le ciel s'ouvre; les blés s'inclinent sous l'ondée,
Et la nature alors, de nouveau fécondée,
Semble se prosterner en adoration.

W. CHAPMAN, *Sonnet.*

122***. FLOTS DES MERS

Flots qui portiez la vie au seuil obscur des temps,
Qui la roulez toujours en embryons flottants
Dans le flux et reflux du primitif servage,
Éternels escadrons cabrés sur un rivage
Ou contre un roc, l'écume au poitrail, flots des mers,
Que vos bruits et leur rythme immortel me sont chers!
Partout où recouvrant récifs, galets et sables,
Escaladant en vain les bords infranchissables,
Vous brisez votre élan tout aussitôt repris,
Vous aurez subjugué les cœurs et les esprits.
L'ordre immémorial au même assaut vous lance,
Et vous n'aurez connu ni repos ni silence
Sur ce globe où chaque être, après un court effort,
Pour l'oublier se fait immobile et s'endort.

LÉON DIERX, *Poèmes et poésies.*

123**. APPARITION

La lune s'attristait. Des séraphins en pleurs
Rêvant, l'archet aux doigts, dans le calme des fleurs
Vaporeuses, tiraient de mourantes violes
De blancs sanglots glissant sur l'azur des corolles.
C'était le jour béni de ton premier baiser.
Ma songerie aimant à me martyriser
S'enivrait savamment du parfum de tristesse
Que même sans regret et sans déboire laisse
La cueillaison d'un Rêve au cœur qui l'a cueilli.
J'errais donc, l'œil rivé sur le pavé vieilli
Quand avec du soleil aux cheveux, dans la rue
Et dans le soir, tu m'es en riant apparue
Et j'ai cru voir la fée au chapeau de clarté
Qui jadis sur mes beaux sommeils d'enfant gâté
Passait, laissant toujours de ses mains mal fermées
Neiger de blancs bouquets d'étoiles parfumées.

MALLARMÉ, *Poèsies.*

124**. VEILLÉE

Lorsque le lambris craque, ébranlé sourdement,
Que de la cheminée il jaillit par moment
Des sons surnaturels, qu'avec un bruit étrange
Pétillent les tisons, entourés d'une frange
D'un feu blafard et pâle, et que des vieux portraits
De bizarres lueurs font grimacer les traits ;
Seul, assis, loin du bruit, du récit des merveilles
D'autrefois aimez-vous bercer vos longues veilles ?
C'est mon plaisir à moi : si, dans un vieux château,
J'ai trouvé par hasard quelque lourd in-quarto,
Sur les rayons poudreux d'une armoire gothique
Dès longtemps oublié, mais dont la marge antique,
Couverte d'ornements, de fantastiques fleurs,
Brille, comme un vitrail, des plus vives couleurs,

Je ne puis le quitter. Lais, virelais, ballades,
Légendes de béats guérissant les malades,
Les possédés du diable, et les pauvres lépreux,
Par un signe de croix; chroniques d'anciens preux,
Mes yeux dévorent tout; c'est en vain que l'horloge
Tinte par douze fois, que le hibou déloge
En glapissant, blessé des rayons du flambeau
Qui m'éclaire; je lis; sur la table à tombeau,
Le long du chandelier, cependant la bougie
En larges nappes coule, et la vitre rougie
Laisse voir dans le ciel, au bord de l'orient,
Le soleil qui se lève avec un front riant.

THÉOPHILE GAUTIER.

125*. ENVOI

Je te donne ces vers afin que si mon nom
Aborde heureusement aux époques lointaines
Et fait rêver un soir les cervelles humaines,
Vaisseau favorisé par un grand aquilon,
Ta mémoire, pareille aux fables incertaines,
Fatigue le lecteur ainsi qu'un tympanon,
Et par un fraternel et mystique chaînon
Reste comme pendue à mes rimes hautaines...

BAUDELAIRE, *Les Fleurs du Mal.*

IX. *ADDITIONAL PASSAGES*

126***. L'AUBE

Le matin descendait.

Des pointes d'arbres émergèrent dans un commencement de clarté; une pâleur envahit le ciel; elle grandit, fut comme une échappée sur le jour qui attendait de l'autre côté de la nuit. Une musique lointaine et solennelle ronflait à présent dans l'épaisseur des taillis.

La laiteuse clarté bientôt s'épandit comme une eau après que les vannes sont levées. Elle coulait entre les branches, filtrait dans les feuillées, dévalait les pentes herbues, faisant déborder lentement l'obscurité. Une transparence aérisa les fourrés; les feuilles criblaient le jour de taches glauques; les troncs gris ressemblaient à des prêtres couverts de leurs étoles dans l'encens des processions. Et petit à petit le ciel se lama de tons d'argent neuf.

Il y eut un chuchotement vague, indéfini dans la rondeur des feuillages. Des appels furent sifflés à mi-voix par les verdiers. Les becs s'aiguisaient, grinçaient. Une secouée de plumes se mêla à la palpitation des arbres; des ailes s'ouvraient avec des claquements lents; et tout d'une fois ce fut un large courant de bruits qui domina le murmure du vent. Les trilles des fauvettes se répondaient à travers les branches; les pinsons tirelirèrent; des palombes roucoulèrent; les arbres furent emplis d'un égosillement de roulades. Les merles s'éveillèrent à leur tour, les pies garrulèrent et le sommet des chênes fut raboté par le cri rauque des corneilles.

Toute cette folie salua le soleil levant....

CAMILLE LEMONNIER, Un mâle.

127***. LES MATINS DE PARIS

C'est alors que les matins de Paris ont la couleur de l'acier. Le fond des avenues ressemble à une lame. Au sommet des collines, la ligne des maisons s'enlève sur un ciel plus subtil que jamais. Jamais non plus l'horizon n'a paru aussi actif.

Cette crête, là-haut, de façades et de toits, qui est la Butte
Montmartre, ou Belleville, donne une impression de réalité
étonnamment riche et nombreuse, non quant aux détails de
forme, qui sont au contraire voilés par un poudroiement,
mais quant aux points de vie qu'elle contient et au pétillement qu'elle dégage. De son côté le ciel, d'un gris à peine
bleui, à peine moiré de rose, devient à la fois plus profond
et plus impénétrable, comme habité par une vibration si
dense que même le passage de la rêverie vers l'espace d'au
delà y serait difficile. Ce sommet des quartiers lointains et
ce bas du ciel, aperçus dans le créneau d'une rue, se joignent
ainsi par une zone commune, où la lumière, toute crépitante
qu'elle est, semble moins compter qu'un fourmillement
d'opérations semi-invisibles, analogue à une déflagration de
particules, à une pulvérisation léchant une suite de brûleurs
ou à la palpitation d'une nappe de flamme arrêtée par une
grille métallique.

JULES ROMAINS, Les Hommes de bonne volonté
t. VIII (Province).

128**. SUR LES RIVES DE LA SEINE

' Regardez donc comme c'est beau d'ici, tout ça, à cette heure-
ci.' Et d'un regard elle indiqua la Seine, les deux rives, le ciel.
   De petits nuages jouaient et roulaient à l'horizon, violets,
gris, argentés, avec des éclairs de blanc à leur cime qui semblaient mettre au bas du ciel l'écume du bord des mers. De
là se levait le ciel, infini et bleu, profond et clair, splendide
et déjà pâlissant, comme à l'heure où les étoiles commencent
à s'allumer derrière le jour. Tout en haut, deux ou trois
nuages planaient, solides, immobiles, suspendus. Une immense lumière coulait sur l'eau, dormait ici, étincelait là,
faisait trembler des moires d'argent dans l'ombre des bateaux,
touchait un mât, la tête d'un gouvernail, accrochait au
passage le madras orange ou la casaque rose d'une laveuse.
   La campagne, le faubourg et la banlieue se mêlaient sur
les deux rives. Des lignes de peupliers se montraient entre

les maisons espacées comme au bout d'une ville qui finit. Il y avait des masures basses, des enclos de planches, des jardins, des volets verts, des commerces de vins peints en rouge, des acacias devant des portes, de vieilles tonnelles affaissées d'un côté, des bouts de mur blanc qui aveuglaient; puis des lignes sèches de fabriques, des architectures de brique, des toits de tuile, des couvertures de zinc, des cloches d'ateliers. Des fumées montaient tout droit des usines, et leurs ombres tombaient dans l'eau comme des ombres de colonnes. Sur une cheminée était écrit: *Tabac.* Sur une façade en gravois on lisait: *Doremus, dit Labiche, relayeur de bateaux.* Au-dessus d'un canal encombré de chalands, un pont tournant dressait en l'air ses deux bras noirs.... Des tapages de fonderies, des sifflets de machines à vapeur déchiraient à tout instant le silence de la rivière. C'était à la fois Asnières, Saardam et Puteaux, un de ces paysages parisiens des bords de la Seine, tels que les peint Hervier, sales et rayonnants, misérables et gais, populaires et vivants, où la Nature passe çà et là, entre la bâtisse, le travail et l'industrie, comme un brin d'herbe entre les doigts d'un homme.

E. et J. GONCOURT, Renée Mauperin.

129**. LA GRILLE

C'était un honnête petit bourg de deux mille âmes, sans faste ni prétention, et la demeure seigneuriale des Simler était à l'avenant. Une vieille maison carrée dont les deux étages se couronnaient tout au plus d'un grand toit de tuiles plates aux courbes ventrues. Un bout de grille, quelques mètres d'allée et trois marches de perron suffisaient à séparer le 'château' de la rue.

Les marches étaient de grès mâchuré, et cassé aux coins. Les pas avaient depuis longtemps chassé le gravier en petits tas le long de la bordure d'œillets. La grille n'avait pas deux mètres de haut; elle avait perdu tout souvenir d'une couche de peinture; chaque printemps, Sarah Simler disait, d'un air détaché: 'il faudra m'envoyer Puppele pour repeindre la grille'; et, chaque printemps, Hippolyte haussait les épaules d'un air excédé en répondant: 'elle est encore assez bien comme elle est. Elle peut ma foi attendre. J'ai besoin de Puppele.'

Pourtant, si négligé qu'il fût, ce bout de grille contenait en soi une vertu aristocratique suffisante pour gonfler d'orgueil le cœur des Simler. On disait aux étrangers: 'Vous trouverez facilement: une maison, avec une grille sur le devant, à main droite, passé la place, une grande et belle maison. Il n'y a pas à s'y tromper. D'ailleurs vous n'aurez qu'à demander monsieur Hippolyte, n'importe qui vous indiquera tout de suite. C'est la seule grille dans Buschendorf.'

Plus d'une fois, par la suite, en des circonstances délicates pour l'orgueil ou pour la dignité, le souvenir de trois marches de grès, de quelques mètres cubes de gravier roulé, et d'une petite porte de fer déteinte fut un réconfort plus efficace que bien des exhortations occasionnelles.

Ce soir-là, le gravier de rivière criait sous des pas inégaux, et deux ombres erraient entre la grille et le perron. La lune, à son dernier quartier, n'était pas levée. La démarche hésitante des ombres semblait le va-et-vient monotone d'une navette, avec laquelle on aurait lentement tissé une étoffe d'anxiété. JEAN-RICHARD BLOCH, ...*Et Cie.*

130*. SOUS LES MURS DE CARTHAGE

Mais Carthage était défendue dans toute la largeur de l'isthme: d'abord par un fossé, ensuite par un rempart de gazon, et enfin par un mur, haut de trente coudées, en pierres de taille, et à double étage. Il contenait des écuries pour trois cents éléphants avec des magasins pour leurs caparaçons, leurs entraves et leur nourriture, puis d'autres écuries pour quatre mille chevaux avec les provisions d'orge et les harnachements, et des casernes pour vingt mille soldats avec les armures et tout le matériel de guerre. Des tours s'élevaient sur le second étage, toutes garnies de créneaux, et qui portaient en dehors des boucliers de bronze, suspendus à des crampons.

Cette première ligne de murailles abritait immédiatement Malqua, le quartier des gens de la marine et des teinturiers. On apercevait des mâts où séchaient des voiles de pourpre, et sur les dernières terrasses des fourneaux d'argile pour cuire la saumure.

Par derrière, la ville étageait en amphithéâtre ses hautes maisons de forme cubique. Elles étaient en pierres, en planches, en galets, en roseaux, en coquillages, en terre battue. Les bois des temples faisaient comme des lacs de verdure dans cette montagne de blocs, diversement coloriés. Les places publiques la nivelaient à des distances inégales; d'innombrables ruelles s'entre-croisant, la coupaient du haut en bas. On distinguait les enceintes des trois vieux quartiers, maintenant confondues; elles se levaient çà et là comme de grands écueils, ou allongeaient des pans énormes—à demi couverts de fleurs, noircis, largement rayés par le jet des immondices, et des rues passaient dans leurs ouvertures béantes, comme des fleuves sous des ponts.

FLAUBERT, Salammbô.

131*. NAPLES

Lorsque les premières étoiles percent le ciel et que la tiède brise du soir se répand dans la ville, l'animation des rues s'accroît encore. C'est une harmonie confuse de bruits et de voix; les cris des voiturins se mêlent aux chansons des enfants, aux bêlements des troupeaux et aux sons nasillards des musettes sous les images de la Madone. Aux balcons superposés et festonnés de plantes, maintes beautés se penchent pour adresser des saluts à des personnes aimées et échanger avec elles de gais propos. J'ai suivi l'allée de la Villa Reale, que décorent des statues de dieux mouchetées de l'ombre des palmiers, et j'ai achevé la soirée au petit cimetière de Pausilippe, près du tombeau de Virgile. Des images champêtres se sont perpétuées autour de la paisible sépulture du chantre de la vie pastorale : les églantiers répandent leur léger parfum au-dessus du colombaire qui renferma ses cendres ; les bergers de Pouzzoles passent et repassent chaque jour sous le rocher désert ; les pêcheurs de la Margellina déploient leurs filets sur la plage voisine. Parfois le bruit du tambourin retentit sous les treilles qui ombragent la côte : ce sont de jeunes Napolitaines ou des filles de la vallée de Bagnoli qui dansent la tarentelle avec leurs fiancés, en agitant des castagnettes et frappant du talon le sable du rivage. Au sein de cette nature clémente, je sentais s'évanouir toutes mes pensées de tristesse ; la mort ne me semblait plus qu'un sommeil rempli d'aimables songes, et la vie qu'une courte traversée vers un bonheur inévitable.

OCTAVE PIRMEZ, in *A la Gloire de la Belgique*.

132***. A PÉKIN

Au milieu de cette ville immense comme Paris, l'automobile du Maréchal circule sans que quiconque y fasse attention. Alors le spectacle prodigieux de la rue se déroule devant lui. Des rues poudreuses, pleines de fondrières, semées de terrains vagues ; de profondes ornières dans les trottoirs ; un aspect général de campement, et soudain la silhouette aperçue d'un palais ou d'un temple ; des rues qui grouillent d'une humanité vieillotte et enfantine : des coolies ruisselant de sueur, traînant dans leurs pousse-pousses de gros Chinois à lunettes ou des élégantes au visage comme nacré sous les fards ; d'autres coolies nu-jambes portant sur l'épaule, comme le long fléau d'une balance, une perche à laquelle pendent des corbeilles ou des seaux. Voici un magasin où s'empilent d'énormes cercueils. Un vagabond, malgré le froid, rapièce une loque bleue—tout son vêtement ; un carrosse de mariage européen en panne sur un trottoir ; de gros hommes à califourchon sur de petits ânes au trot ; la boutique d'un marchand de friture sur les marches d'une admirable pagode dorée....

Aux carrefours, des arrêts brusques, des discussions : on repart, on s'arrête, on recule, on passe sur un trottoir, on se dépasse à droite ou à gauche. Un catafalque géant, rouge, bariolé de grands caractères jaunes, encadré par toute une procession d'hommes et d'enfants en vert portant des parasols ou des monstres découpés. Partout des loques qui pendent, mêlées aux innombrables annonces écrites sur des banderoles verticales; partout la confusion, une gueuserie, une pouillerie sans nom; et sur tout cela, une couleur grise, uniforme, qui est celle du sol, des briques, de la misère, des ruines....

ANDRÉ D'ARÇAIS, *Avec le Maréchal Joffre en Extrême-Orient.*

133**. UNE USINE EN MONTAGNE

Le barrage qui amasse la force hydraulique pour cette usine en montagne, retient un lac au-dessus du lit de la rivière qui ne sert plus que de déversoir pour le trop-plein. Un filet d'eau glisse au bas des rocs naguère franchis par l'écume. L'ossature de pierre du torrent privé n'est plus charmée qu'au printemps où l'eau vivace émise des glaciers ranime par bonds blancs le long squelette des pierres. Le lac rassemble sur leur nudité morte la beauté dont maintenant elles languissent. Le paysage privé d'eau a changé de figure. Un long cadavre pétrifié est couché dans la rivière vaincue.

Au-dessus du barrage régulateur, les eaux en descente libre retentissent dans la gorge où les sapinières gravent de noir l'or de la forêt automnale. Des branches penchent des couleurs d'aurore et leurs feuilles perdues tombent exquises à l'abîme où l'écume s'émeut. L'Alpe candide érige au delà des montagnes boisées sa blancheur énorme et la lumière s'y amuse à tous les iris de la nacre. Patiente devant la forêt dont l'abri la garde de fondre, la première neige tombée la nuit signale le moment proche où elle enfouira la route, couvrant d'une même chute l'Alpe glacée et les collines de verdure. Des lointaines au dôme surgi du brouillard des vallées, on ne distingue plus si elles sont du nuage ou de la montagne. Collines et vapeurs se mêlent dans le gouffre d'air parcouru de rayons. Au fond de ce pays, l'abîme bleu est aussi doux que le lac du barrage. Les dernières collines y roulent comme les rocs au torrent. La sapinière sévère qui s'adosse à l'Alpe nacrée commence ce paysage blanc et noir par une grande sévérité, mais il s'achève dans la beauté la plus fine. Un instant la lumière qui passe dominatrice sur les pics est captée dans le miroir d'eau du lac qui reproduit les hautes neiges, la forêt incarnadine, la mousse de la rive. L'eau diamantaire se repose remplie d'images et mêle à sa force emportée vers l'usine toute la beauté qu'elle recueille. Prise en caniveau découvert, elle court au flanc de la montagne et garde au-dessus de la rivière sèche sa hauteur de chute pour peser sur les turbines. Elle y arrive forcée en deux conduites de fer, à pic sur l'usine martelante dans le calme surpris des Alpes.

PIERRE HAMP, Le Travail invincible.

134**. LE DIRECTEUR

Au physique, c'était un homme court de taille, le gilet rebondi, portant une barbe poivre et sel à la Henri IV. Sa figure étalait une importance modeste cependant que ses yeux et ses lèvres, un peu minces, respiraient une extrême finesse voisine de la ruse. Il portait toujours la redingote. Son linge était rarement douteux. Chose curieuse, quand on le rencontrait, on n'éprouvait jamais le désir ni la curiosité de savoir où et comment il vivait. Il apparaissait vieux garçon par destination. On ne souhaitait de lui aucune confidence et la pensée s'imposait qu'il n'avait pas à en faire.

Ce qu'on apercevait de sa vie était aussi quelconque que sa personne. Ponctuel et dur dans le service, il affectait une ignorance systématique des incidents de famille pouvant plus ou moins troubler la vie du personnel placé sous sa haute direction. Il semblait qu'à ses yeux la pâte humaine dût être exclusivement consommée sous l'espèce administrative. Il mettait de l'affectation à exiger que les congés fussent limités à leur terme règlementaire et sa manière de conduire manquait de bonté. Par contre, une certaine équité naturelle: et pas de vice connu. Des mécontents avaient bien tenté de découvrir la fêlure, mais en vain. Sa vacation terminée, il quittait le cabinet directorial par une porte de côté, gagnait rapidement la rue déjà plongée dans l'obscurité et littéralement semblait se volatiliser dans l'immensité de Paris. Où allait-il? A ses dîners mensuels ou officiels, à des fêtes administratives, au cercle: en tous cas, à sa mansarde où, matin et soir, les habitués de la place des Vosges étaient libres de l'apercevoir accoudé à la fenêtre, ceci quels que fussent le temps et la saison.

ÉDOUARD ESTAUNIÉ, *L'Ascension de M. Baslèvre.*

135**. DEUX ENFANTS

Isabelle était en train de coudre, assise auprès de la fenêtre de la salle à manger, le teint blanc, les sourcils hauts, paisible au milieu d'un grand carnage de fils et de bouts d'étoffe. La boîte à épingles béait sur le parquet, vidée de son contenu qui jonchait les alentours comme par l'effet d'une dispersion magnétique. Toutes les manifestations de l'activité d'Isabelle créaient autour d'elle une atmosphère de champ de bataille qui exaspérait Amédée, qui ravissait les enfants.

Laurent et Lise entrèrent au petit trot, vinrent buter contre elle et ne bougèrent plus, occupés à la regarder, les mains derrière le dos, le nez en l'air. Isabelle leva ses grandes paupières et sourit, et la même lumière éclaira de l'intérieur leurs trois visages qui se ressemblaient sans qu'il fût possible de situer cette ressemblance.

Elle se pencha, flaira délicatement leurs cheveux et leurs joues, à la manière des mères chattes, et sut ainsi que tout était en ordre, qu'ils se portaient bien et ne s'étaient pas encore battus.

La joue de Laurent avait la couleur et la saveur d'une pêche flambée et son regard brusque et doré éclatait violemment et magnifiquement dans son visage cuit.

La joue de Lise était ronde, translucide et délicatement

rosée, comme un pétale d'églantine. Le plus brûlant soleil
n'arrivait pas à l'entamer et la lumière se concentrait toute
dans ses cheveux dorés, d'une légèreté d'écume, qu'elle
faisait perpétuellement danser et virevolter autour de sa
tête comme les grelots d'une petite folie. Elle-même était
la folie et le grelot, ivre de gaieté du matin au soir, bavarde
et pétulante avec, parfois, des crises de rage subites et
futiles, des rages de grelot enragé, ou de violents chagrins
qu'une chanson dissipait.

Tous les trois se regardèrent un moment sans parler,
souriants et tranquilles, l'air à la fois heureux, étonné et
satisfait, comme s'ils découvraient à l'instant même une
nouveauté ravissante et constataient en même temps que
tout allait comme à l'accoutumée, que l'éternité continuait,
pareille à elle-même.

SIMONNE RATEL, *La Maison des Bories*.

136***. LE RETOUR DU SLAVE

Le bateau arrivait au port de Vâlcov, en Bessarabie: devant
eux le village, traversé de canaux, gisait épars dans l'eau
stagnante. Les embarcations avaient déjà la teinte funèbre
des caïques turcs et des convois de sel qui, de Crimée,
remontent jusqu'en Ukraine, celle que les Vénitiens ont
empruntée à l'Orient pour leurs gondoles. Dimitri évoqua
Chioggia, une Chioggia terne, délabrée, primitive, sous le
ciel gris et sous ce vent désespéré de la mer Noire dont les
navigateurs grecs ne parlaient qu'avec une horreur sacrée.
Il sauta le premier à terre et enfonça jusqu'aux chevilles
dans la berge fangeuse. Entre deux barques goudronnées,
tirées à sec, une vieille *baba*, la tête couverte d'un fichu de
toile noire, immobile, le regardait. Sur cette boue sans
couleur, cette femme sans âge, sans figure, figée dans l'attente
et dans le deuil, ce fut pour lui la première image de la
Russie.

Des chaussées de planches traversaient le marécage, lon-
geaient les canaux verdâtres qu'elles enjambaient sur des

ponts de bois. Entre les troncs d'arbres, les filets, légers et pâles comme des cheveux difficilement démêlés, séchaient à l'air. Ayant traversé en mille zigzags cette lagune, les visiteurs arrivèrent devant des murs de paille....A la porte du bureau de police, un soldat était de faction. Près de lui se tenait un pêcheur qui avait été pris braconnant la nuit et condamné à trois cents lei d'amende. Dimitri le dévisagea curieusement. L'homme n'avait rien de latin. Avec sa barbe d'un blond roux qui remontait jusqu'aux yeux bleus, ses mains gourdes, ses genoux soudés, ses pieds immobiles dans de vieilles bottes de guerre, il représentait le barbare du Nord, l'ancêtre sibérien, le Mongol roux. Mille ans le séparaient du soldat roumain, au regard brillant, à la grâce frêle. Dimitri contemplait avec avidité cette brute néo-lithique qui n'avait rien de commun avec lui et soudain, il l'aima, fraternellement.

— Je paierai ton amende — cria-t-il en russe.

PAUL MORAND, *Flèche d'Orient.*

137***. PENDANT LA FRONDE

A mesure que les soldats de Condé le rejoignaient à Paris, on en déguisait des centaines en bourgeois ou en artisans, pour jouer le rôle de chefs d'émeutiers. Ces gens avaient spécialement pour consigne de terroriser les magistrats qui étaient en conséquence assaillis dans les rues, insultés, menacés. A la sortie du Palais, ils passaient sous les poignards. Ils aspiraient à en finir avec cette scabreuse situation. Le Parlement s'étant assemblé le 25 juin, on sut qu'il délibérait de supplier le Roi de hâter son retour et se préparait à sommer les princes de retirer leur armée ou de dire ce qu'ils voulaient exactement. Condé fut appelé au Palais. Le président Le Coigneux l'ayant mis au pied du mur, il sortit très irrité. Mais la foule ameutée alentour se rua vers les perrons, assaillit les magistrats, tua les gardes qui les protégeaient et malmena quelques parlementaires d'assez grave façon aux cris de: 'A l'eau les mazarins!'

Loin de calmer la foule, on l'excitait.... On criait qu'il fallait en particulier assommer les parlementaires. Ceux ci, au comble de l'effroi, étaient tous les jours plus décidés à ramener Paris aux pieds du Roi. Mais ils avaient peur des responsabilités et, le 1er juillet, pour qu'on pût présenter enfin au monarque les requêtes qui, satisfaites, conduiraient à la paix, le Parlement arrêta qu'une grande assemblée serait, pour le 4 juillet, convoquée à l'Hôtel de Ville, où, tous les corps et corporations y étant représentés, on délibérerait des mesures propres à mettre fin au désordre et à préparer un accord avec le Roi. Ces magistrats, au fond, éperdus, en étaient encore à croire qu'une assemblée peut freiner et clore une révolution.

LOUIS MADELIN, *Une révolution manquée: La Fronde.*

138*. LE NAUFRAGE DU *SAINT-GÉRAN*

Le *Saint-Géran* parut alors à découvert avec son pont chargé de monde, ses vergues et ses mâts de hune amenés sur le tillac, son pavillon en berne, quatre câbles sur son avant, et un de retenue sur son arrière; il était mouillé entre l'île d'Ambre et la terre, en deçà de la ceinture de récifs qui entoure l'Île-de-France, et qu'il avait franchie par un endroit où jamais vaisseau n'avait passé avant lui. Il présentait son avant aux flots qui venaient de la pleine mer, et, à chaque lame d'eau qui s'engageait dans le canal, sa proue se soulevait tout entière, de sorte qu'on en voyait la carène en l'air; mais, dans ce mouvement, sa poupe, venant à plonger, disparaissait à la vue jusqu'au couronnement, comme si elle eût été submergée. Dans cette position, où le vent et la mer le jetaient à terre, il lui était également impossible de s'en aller par où il était venu, ou, en coupant ses câbles, d'échouer sur le rivage, dont il était séparé par des hauts-fonds semés de récifs. Chaque lame qui venait briser sur la côte s'avançait en mugissant jusqu'au fond des anses, et y jetait des galets à plus de cinquante pieds dans les terres; puis, venant à se retirer, elle découvrait une grande partie du lit du rivage, dont elle roulait les cailloux avec un bruit rauque et affreux. La mer, soulevée par le vent, grossissait à chaque instant, et tout le canal compris entre cette île et l'Île d'Ambre n'était qu'une vaste nappe d'écumes blanches, creusées de vagues noires et profondes. Ces écumes s'amassaient dans le fond des anses, à plus de six pieds de hauteur, et le vent qui en balayait la surface les portait par-dessus l'escarpement du rivage à plus d'une demi-lieue dans les terres. A leurs flocons blancs et innombrables, qui étaient chassés horizontalement jusqu'au pied des montagnes, on eût dit d'une neige qui sortait de la mer.

BERNARDIN DE SAINT-PIERRE, *Paul et Virginie.*

139*. LA RETRAITE DE RUSSIE

Le ressort de la grande armée était faussé. L'hiver ne s'annonçait pas encore que, débandée, elle s'éparpillait déjà. L'avarice, du haut en bas, détruisait la discipline. On ne pensait qu'à garder son butin et ses provisions. Brusquement, le 4 novembre, la neige tomba, puis, le 6, le froid prit, subit et intense. Napoléon se trouvait ce jour-là non loin de Smolensk, à Dorogobuje. Il y reçut le premier avis de la conspiration de Mallet. L'émotion qu'il en ressentit fut profonde. Paris ne connaissait point encore le grand échec; rien ne faisait soupçonner en France que la retraite tournait au désastre; et cependant, au seul bruit de la mort de l'empereur, tout l'échafaudage si savamment lié de l'empire avait menacé de s'écrouler. Dès lors, la résolution de hâter son retour s'arrête dans son esprit; dès lors aussi la préoccupation de montrer qu'il est vivant, alerte, et l'importance donnée dans les bulletins à sa santé. Cependant, il différa, pour retenir ce qui subsistait d'armée; il s'exposait même, sans nécessité militaire, et rien que pour relever le moral. Mais tout sombrait. L'inhumanité montait avec la misère et le désespoir; l'égoïsme devenait féroce. Plus de prestige, plus de grades, c'est la lutte pour la vie dans toute son horreur....

ALBERT SOREL, *L'Europe et la Révolution française,* t. VIII.

140*. LA RETRAITE DE RUSSIE (*suite*)

Aux bords de la Bérésina, vers le 22 novembre, il y eut dégel et débâcle, l'abîme de la boue, l'empoisonnement du marécage, pire encore que le froid. Les ponts restèrent longtemps libres. Les troupeaux d'hommes, harassés, se couchaient, refusant d'aller plus loin; puis, à l'approche des Russes, ils voulurent passer tous à la fois, se bousculèrent, se jetèrent dans l'eau qui charriait, rompirent les ponts....

Ce qui subsistait de l'armée s'écoulait, calamiteux. On vit arriver, comme un flot mourant, à Vilna, 'une espèce de cohue semblable à une légion de réprouvés'. Un officier nommé Roche, demeuré dans la ville, en fut saisi d'une telle horreur qu'il trépassa. Beaucoup étaient devenus fous. La masse ne se soutenait que par exaltation, entêtement obstiné de vivre. Ils trouvèrent de la paille, du linge, du feu, des vivres; ils purent enfin se repaître; beaucoup en moururent. Puis la dérive continua vers l'Allemagne, fleuve incertain, errant selon toutes les pentes, et ne dessinant son cours que par la frange d'écume sanglante, l'alluvion horrible des cadavres.

ALBERT SOREL, *L'Europe et la Révolution française*, t. VIII.

141*. ANECDOTE MARSEILLAISE

Histoire de M. Chabaneix: un armateur de Marseille, embarrassé dans ses affaires, achète la complicité du capitaine d'un beau trois-mâts à lui qui allait faire voile sur les Canaries. Arrivé dans l'Atlantique, le capitaine se glisse à différentes reprises dans la cale et y perce une quantité honorable de trous. L'eau gagne, les pompes, l'une après l'autre, se trouvent refuser le service à point nommé. Le capitaine réunit *les principaux de l'équipage*, leur fait signer la déclaration exigée par la loi pour qu'un navire soit valablement reconnu en état de perdition, et tout le monde d'embarquer sur les baleinières. La saison est belle. Les naufragés dérivent quelques jours, puis ils sont recueillis par un voilier anglais qui faisait même route qu'eux. Ils arrivent à Las-Palmas; le premier objet qui frappe leurs yeux, en entrant dans le port, est leur trois-mâts. Le capitaine avait oublié de tenir compte d'un petit fait: la cargaison était composée de ciment, lequel avait très joliment fait prise autour des voies d'eau; un long-courrier allemand avait rencontré l'épave flottante et l'avait remorquée jusqu'aux Canaries.

Un expert fut dépêché par les assureurs; leur choix tomba sur le père de M. Chabaneix; le gamin se trouvait en vacances, il avait été du voyage. Arrivé sur place, Chabaneix le père avait minutieusement inspecté le voilier; puis, prenant son collègue à part: '*Avoue que tu as essayé de saborder ton navire.*' L'autre avait avoué tout ce qu'on avait voulu, sous le sceau du secret professionnel. Devant le tribunal maritime, il s'était défendu avec habileté, avait été acquitté, et l'armateur condamné à dix ans de travaux forcés.

JEAN-RICHARD BLOCH, *Sur un Cargo.*

142***. LE PROVINCIAL

Ces trois grands types ruraux, l'herbager, le vigneron et l'agriculteur, diversifient à l'infini le type du paysan français. Qui entreprendra de déterminer les physionomies variées de chacune de nos provinces et de ces races dont les aspects, si fermes et si fidèles à eux-mêmes, subsistent, malgré le mélange et la confusion moderne, perpétuant le caractère distinctif des familles dispersées, jadis, à la surface du sol gaulois?

Le Normand robuste, sensé et couvert; le Breton brave, droit et imaginatif; l'Orléanais intelligent, piquant et fin; le Tourangeau jovial, matois et sage; le Vendéen lent, lourd et loyal; le Poitevin grave, indolent et satisfait; le Limousin rustique, tardif et hiérarchisé; le Périgourdin sagace, modéré et curieux; le Bordelais actif, extérieur et bon enfant; le Gascon loquace, familier et habile; le Nîmois ardent, in-

sinuant et prompt; le Provençal ingénieux, retors et froid; le
Dauphinois prudent, inventif et rude; le Lyonnais appliqué,
technique et mystique; l'Auvergnat robuste, laborieux et
âpre; le Bourguignon aisé, plaisant et diligent; le Comtois
judicieux, finaud et disert; l'Alsacien courageux, calme et
solide; le Lorrain réfléchi, hésitant et souple; le Champenois
fier, sec et résistant; l'Ardennais ferme, court et sûr; le
Flamand fort, froid et rassis; le Picard vif, vaniteux et
imprudent; le Français de l'Île-de-France—leur maître à
tous—adroit, beau diseur et rusé, l'Ulysse d'une race où les
Achilles ne manquent pas; ce sont là autant de types
différents, qui se fondent pourtant en un type unique d'un
caractère intellectuel, moral et même physique, fortement
marqué, le provincial.

GABRIEL HANOTAUX, *L'Énergie française.*

143***. LE PEUPLE ROI

Singulier peuple de Paris, peuple de rois, peuple roi; le seul
peuple dont on puisse dire qu'il est le peuple roi sans faire
une honteuse figure littéraire; profondément et véritablement peuple, aussi profondément, aussi véritablement roi;
dans le même sens, dans la même attitude et le même geste
peuple et roi; du même esprit peuple et roi; peuple qui reçoit
les rois entre deux temps, entre deux travaux, entre deux
plaisirs, sans apprêt, sans gêne, sans inconvenance et sans
aucune grossièreté; peuple familier et ensemble respectueux,
comme le sont les véritables familiers; peuple vraiment le
seul qui sans préparation sache faire à des rois une réception
ancienne et royale; vraiment le seul qui ait fait des révolutions et qui soit resté non pas seulement traditionnel, mais
traditionaliste à ce point; le seul qui soit traditionaliste
en plein consentement de sa bonne volonté; le seul qui soit
à l'aise et qui sache se tenir et se présenter dans l'histoire, en
ayant une longue habitude, ayant une habitude invétérée
de cette forme et de ce niveau d'existence, et qui n'y soit
point insolent, inconvenant, grossier, parvenu; le seul peuple

qui ne glisse point sur les parquets cirés de la gloire; le seul
peuple qui soit révolutionnaire, et quand les événements se
présentent, qui lui introduisent des rois, non seulement il
sait les recevoir, mais il se trouve avoir sous la main, pour
les y recevoir, des monuments royaux comme aucun roi du
monde en aucun pays du monde n'en pourrait sortir dans le
même temps, n'en pourra jamais sortir dans aucun temps
de son pays.   CHARLES PÉGUY, *Notre Patrie.*

144****. DANTON HOMME POLITIQUE

Il n'y a rien du fou chez Danton; au contraire, non seulement
il a l'esprit le plus sain, mais il possède l'aptitude politique,
et à un degré éminent, à un degré tel, que, de ce côté, nul
de ses collaborateurs ou de ses adversaires n'approche de lui,
et que, parmi les hommes de la Révolution, Mirabeau seul
l'a égalé ou surpassé. C'est un génie original, spontané, et
non, comme la plupart de ses contemporains, un théoricien
raisonneur et scribe, c'est-à-dire un fanatique pédant, une
créature factice et fabriquée par les livres, un cheval de
meule qui marche avec des œillères et tourne sans issue dans
un cercle fermé. Son libre jugement n'est point entravé par
les préjugés abstraits: il n'apporte point un contrat social,
comme Rousseau, ni un art social, comme Sieyès, des principes ou des combinaisons de cabinet; il s'en est écarté par
instinct, peut-être aussi par mépris: il n'en avait pas besoin,
il n'aurait su qu'en faire. Les systèmes sont des béquilles à
l'usage des impotents, et il est valide; les formules sont des
lunettes à l'usage des myopes, et il a de bons yeux.

'Il avait peu lu, peu médité', dit un témoin lettré et
philosophe; 'il ne savait presque rien, et il n'avait l'orgueil
de rien deviner; mais il *regardait et voyait.* Sa capacité
naturelle, qui était très grande et qui n'était remplie de rien,
se fermait naturellement aux notions vagues, compliquées
et fausses, et s'ouvrait naturellement à toutes les notions
d'expérience dont la vérité était manifeste....'

Partant, 'son coup d'œil sur les hommes et les choses,

subit, net, impartial et vrai, avait la prudence solide et pratique'. Se représenter exactement les volontés divergentes ou concordantes, superficielles ou profondes, actuelles ou possibles des différents partis et de vingt-six millions d'âmes, évaluer juste la grandeur des résistances probables et la grandeur des puissances disponibles, apercevoir et saisir le moment décisif qui est unique, combiner les moyens d'exécution, trouver les hommes d'action, mesurer l'effet produit, prévoir les contre-coups prochains et lointains, ne pas se repentir et ne pas s'entêter, accepter les crimes à proportion de leur efficacité politique, louvoyer devant les obstacles trop forts, s'arrêter ou biaiser, même au mépris des maximes qu'on étale, ne considérer les choses et les hommes qu'à la façon d'un mécanicien, constructeur d'engins et calculateur de forces, voilà les facultés dont il a fait preuve.　　　　　　　　　TAINE, *La Révolution*, III.

145*. LES PARENTS DE SHELLEY

M. Timothy Shelley, membre du Parlement, était, comme son père, grand et bien fait, très blond, très imposant. Il avait meilleur cœur que Sir Bysshe, mais un esprit beaucoup moins ferme. Sir Bysshe, egoïste avoué, plaisait par cette sorte de naturel qui est le charme des cyniques. M. Timothy avait de bonnes intentions; cela le rendait insupportable. Il aimait les lettres avec l'irritante maladresse des illettrés. Il affectait un respect mondain pour la religion, une tolérance agressive pour les idées nouvelles, une philosophie pompeuse. Il aimait à se dire libéral dans ses opinions politiques et religieuses, mais tenait à ne point choquer les gens de son monde. Ami des ducs catholiques de Norfolk, il parlait avec complaisance de l'émancipation des Catholiques irlandais, grande audace dont il était fier et un peu épouvanté. Il avait facilement les larmes aux yeux, mais pouvait devenir féroce si sa vanité était en jeu. Dans la vie privée, il se piquait de manières affables, mais aurait bien voulu concilier la douceur des formes avec le despotisme des actions. Diplomate dans les petites choses, brutal dans les grandes, inoffensif et irritant, il était fait pour donner terriblement sur les nerfs d'un juge sévère et l'agacement causé par la bavarde sottise de son père avait contribué pour beaucoup à jeter Shelley dans la sauvagerie intellectuelle. Quant à Mrs Shelley, elle avait été la plus jolie fille du Sussex. Elle aimait qu'un homme fût batailleur et cavalier, et voyait avec ironie son fils aîné partir pour la forêt en emportant sous son bras un livre au lieu d'un fusil.

ANDRÉ MAUROIS, *Ariel ou la Vie de Shelley.*

146*. LE DÉDOUBLEMENT DE LA PERSONNALITÉ

Si maintenant nous abordons l'examen de sa constitution mentale, nous constaterons en lui le dédoublement de la personnalité le plus déconcertant dont l'histoire des hommes de génie nous ait conservé le souvenir. George Byron était essentiellement un timide et se faisait donc, le plus souvent, mal juger au premier abord. Pourtant, cette timidité une fois vaincue en lui, soit par les circonstances, soit, tout simplement, par l'accoutumance, il devenait fort séduisant, car son cœur était profondément sensible, bien qu'il détestât le mot de sensibilité pour l'abus qu'en a fait le XVIIIe siècle. 'La vérité, a-t-il écrit sur le tard, dans une sorte de protestation contre lui-même, c'est que j'ai essayé toute ma vie de m'endurcir le cœur, sans y réussir entièrement, quoique je sois en bon chemin pour y parvenir!' Walter Scott qui fit sa connaissance personnelle en 1815 et qui, le jugeant auparavant d'après ses ouvrages, s'était préparé, dit-il, à contempler un être d'habitudes étranges et de caractère violent, se vit avec surprise en présence d'un homme extrêmement affable et même remarquablement bon. Sa bienveillance naturelle allait jusqu'à la naïveté parfois, ainsi qu'en témoigne l'admiration peu justifiée qu'il professa pour les 'dandys' fameux de sa génération, qui se groupaient dans les salons du Watier-Club. Leur imperturbable sang-froid éblouissait littéralement cet artiste, esclave de ses nerfs impérieux; il les enviait comme Stendhal, son disciple, envia les heureux tempéraments sanguins, ces caractères qui menaient à la victoire les armées napoléoniennes !

ERNEST SEILLÈRE, *Les Étapes du Mysticisme Passionnel.*

147*. UN LATINISTE

'Il n'était pas qu'un jacobin. La forte influence exercée sur quelques-uns de ses élèves et sur moi en particulier, il la devait aussi à la ferveur dont il brûlait pour la littérature antique. Cette flamme en faisait un artiste en expression, réellement extraordinaire. Les écrivains latins surtout lui inspiraient un culte passionné. Chacune de nos pauvres répétitions, destinées très utilitairement à nous transformer en bêtes à concours, devenait, pour ce dévot, l'occasion d'une véritable liturgie. J'ai raconté qu'il nous donnait à traduire un texte à livre ouvert. Indifférent d'abord jusqu'à la froideur, le latiniste en lui s'échauffait. A notre traduction ânonnante, la sienne soudain se substituait. Il parlait, et le mâle langage de Tite-Live et de Tacite se transcrivait en une prose française, égale au modèle par le raccourci et le serré. Presque plus d'auxiliaires, de verbes "avoir" et "être", presque plus de conjonctions. Il la voulait, cette prose, nettoyée de ce qu'il appelait énergiquement "la pouillerie des mots inutiles", articulée par des verbes actifs jouant directement sur leur régime, rythmée comme des vers, et toute en vocables voisins de leur origine. J'ai dans l'oreille sa voix un peu sourde attaquant certains morceaux, la mort d'Agrippine, par exemple, dans les Annales: "La nuit s'illuminait d'astres pour convaincre le parricide...." Et les poètes, Lucrèce, Horace, Virgile, comme il les sentait ! Comme il les rendait ! De quel accent il déclamait, avant de la traduire, l'adjuration de Didon abandonnée au soleil: "Sol, qui terrarum flammis opera omnia lustras!"...Ces textes sublimes des Anciens, passant par cette bouche éloquente, perdaient tout air de citations. Ils ne faisaient qu'un avec ce magnifique lettré qui nous invitait à communier, non plus à travers les livres, mais à travers son âme, dans ces beaux génies, sa religion, et, je m'en rendais dès lors vaguement compte, sa consolation.'   PAUL BOURGET, *Le Justicier.*

148**. LE SOLDAT

Le plus humble soldat est le plus grand: celui soumis à la règle au point de l'accomplir strictement jusqu'à la mort sans croire que ce qu'il fait est remarquable. Il fait ce qui doit être fait. Il fait son métier de soldat. La pure grandeur de l'homme revient toujours à bien faire son métier. Ce n'est point l'enthousiasme qui est nécessaire, c'est la conscience professionnelle. L'enthousiasme n'est qu'une inégalité de tempérament. Il cesse soudainement et laisse l'homme inférieur à lui-même. La conscience professionnelle permet un effort égal dans la perfection technique. Le héros éclatant donne à une armée sa parure, mais c'est le héros humble qui lui donne sa force profonde. Il faut pouvoir s'enthousiasmer mais ne point le faire, car y consentir n'est qu'une noble faiblesse. L'homme est fort de contenir sa force. Le bon soldat n'est point celui qui s'élance pour ne plus craindre et fuir dans le danger l'idée du danger même. Il manœuvre. Il n'use pas sa force par des cris. Celui qui a faim sans se plaindre, qui marche les pieds en sang, ne tire qu'en ajustant et ne meurt qu'à nécessité, est le soldat qui n'aura rien fait que parfaitement son métier. La victoire s'acquiert par les hommes qui font bien leur métier. Il n'y a rien eu aux Thermopyles que de la conscience professionnelle.   PIERRE HAMP, *Le Travail invincible.*

149*. L'OUVRIER AMÉRICAIN

Une seconde caractéristique de l'esprit américain, tant chez les patrons que chez les ouvriers, est l'habitude d'un effort incessant vers l'amélioration des conditions de leur travail.

Le chef d'industrie cherche constamment à améliorer ses procédés de fabrication et entretient ses usines dans un état de continuelle transformation. De même, chaque ouvrier dans sa sphère, s'efforce de réaliser quelques progrès. L'un imagine un dispositif mécanique lui permettant de diminuer son effort; un autre tâche d'améliorer le fini de son travail, la qualité des produits obtenus, ou encore d'accroître sa production horaire.

Cette répétition incessante de nouveaux efforts développe par contre-coup chez l'ouvrier la fierté du travail accompli. L'auteur cite le cas d'un de ses voisins d'atelier qui voulait lui faire constater le fini, le tranchant de dents de fraises qu'il venait de tailler! Il était heureux de montrer son habileté et se réjouissait du supplément de salaire que lui vaudrait ce travail. De même, un nègre occupé à un forgeage très simple était heureux d'appeler les visiteurs traversant l'atelier pour leur montrer la rapidité avec laquelle il faisait son travail, douze secondes par pièce. Cet amour de la besogne bien faite se manifeste parfois par de petites glorioles, bien innocentes d'ailleurs. L'ouvrier qualifié porte toujours avec lui une petite mallette renfermant ses appareils de mesure et quelques outils délicats: c'est le symbole visible de sa maîtrise.

H. LE CHATELIER, *Préface*, to H. DUBREUIL, *Standards*.

150**. LES ENFANTS DE NAGASAKI

Il y a une heure à la fois joyeuse et mélancolique: c'est un peu plus tard au crépuscule, quand le ciel semble un grand voile jaune dans lequel montent les découpures des montagnes et des hautes pagodes. C'est l'heure où, en bas, dans le dédale des petites rues grisâtres, les lampes sacrées commencent à briller, au fond des maisons toujours ouvertes, devant les autels d'ancêtres et les Bouddhas familiers— tandis qu'au dehors tout s'obscurcit, et que les mille dentelures des vieux toits se dessinent en festons noirs sur ce ciel d'or clair. A ce moment-là passe sur ce Japon rieur une impression de sombre, d'étrange, d'antique, de sauvage, de je ne sais quoi d'indicible, qui est triste. Et la gaîté, alors, le seule gaîté qui reste, c'est cette peuplade d'enfants, de petits mouskos et de petites mousmés, qui se répand comme un flot dans les rues pleines d'ombre, sortant des ateliers et des écoles. Sur la nuance foncée de toutes ces constructions de bois paraissent plus éclatantes les petites robes bleues ou rouges, drôlement bigarrées, drôlement troussées, et les beaux nœuds des ceintures, et les fleurs, les pompons d'argent ou d'or piqués dans ces chignons de bébés.

Elles se poursuivent et s'amusent, en agitant leurs grandes manches pagodes, les toutes petites mousmés de dix ans, de cinq ans, ou même de moins encore, ayant déjà de hautes coiffures et d'imposantes coques de cheveux comme les dames. Oh! les amours de poupées impayables qui, à cette heure crépusculaire, gambadent, en robes très longues, soufflant dans des trompettes de cristal ou courant à toutes jambes, pour lancer des cerfs-volants inouïs....Tout ce petit monde nippon, baroque par naissance et appelé à le devenir encore plus en prenant des années, débute dans la vie par des amusements singuliers et des cris bizarres; ses jouets sont un peu macabres et feraient peur aux enfants d'un autre pays; ses cerfs-volants ont de gros yeux louches et des tournures de vampires....

Et chaque soir, dans les petites rues sombres, déborde cette gaîté fraîche, enfantine, mais fantasque à l'excès.—On n'imagine pas tout ce qu'il y a en l'air, parfois, d'incroyables choses qui voltigent au vent.

PIERRE LOTI, *Madame Chrysanthème.*

151***. DES CIVILISÉS

C'est avec soulagement qu'on retrouve au sortir de ces lieux hantés les humbles champs des paysans et l'animation du fleuve sillonné de jonques....Sur le bateau les longues heures de lumière bénie se succédaient dans l'engourdissement de la chaleur qui grandissait; et ce fut partout la même fête pour les yeux ravis, la même richesse le long des rives, la même fécondité riante.

Comme la terre, la race ici m'a semblé plus belle. Notre pilote à la vaste carrure, à la tête puissante d'empereur romain, vrai fils de Han, d'abord m'avait paru d'une espèce supérieure. Mais à chaque instant je retrouvais parmi les gens du pays sa stature et ses traits, son crâne massif, la finesse et la force répandues sur sa large face tranquille. C'étaient de beaux hommes robustes. Leurs membres musclés, leurs forts mollets de peuple marcheur, leur peau nette et lustrée, leur chair dense, leurs dents étincelantes disaient la santé intacte que ces paysans doivent à leur sobriété de végétariens et de buveurs de thé....Sobres, tenaces, infatigables, pacifiques, ils semblent ignorer la paresse et la hâte, la lassitude, l'impatience, l'ennui; les besoins de changement et de détente du Blanc leur sont inconnus. Ils apportent à leur besogne l'opiniâtreté et l'assiduité industrieuse de la fourmi: c'est cette obstination d'insecte, cette faculté de labeur monotone qui, plus encore que leur nombre ou le bas prix de leur main-d'œuvre, font d'eux de si redoutables concurrents et constituent le péril jaune....

Et c'est ainsi qu'il se dégage de tous je ne sais quelle subtile atmosphère qui dit le civilisé dont la culture est profonde et ancienne. Je le sentais non sans gêne sur ce bateau où s'ébrouaient trop bruyamment parmi les Chinois courtois et fins des Européens venus en vacances du Japon...et qui se relâchaient comme le fait trop souvent le Blanc en voyage ou en goguette. J'étais à peine moins scandalisé que notre pilote par la grossièreté épanouie de mes compagnons excités par la chaleur et de trop fréquentes libations....Je me disais que décidément, en comparaison de celle de la Chine, notre civilisation est toute récente, à fleur de peau, un mince vernis qui s'écaille et tombe au moindre choc...et que la décence et la finesse monotones de ces Chinois tous pareils valaient mieux que notre naturel, que n'est parfois que grossièreté native débridée. ÉMILE HOVELAQUE, *La Chine.*

152**. DIDEROT

Et comme il a bien, je ne dis pas arrangé, et pour cause, mais fait sa vie, en partie double, avec ses défauts et ses qualités! D'une part il fait l'*Encyclopédie*. C'est son bureau. C'est là qu'il est 'bon employé'. Ponctuel, attentif, dévoué, absolument, au devoir professionnel, travailleur admirable, écrivain lucide, sachant, du reste, faire travailler les autres, et excellent 'chef de division'; il est l'honneur et le modèle de la corporation. Décent, aussi, et très correct en ce lieu-là. Point d'imagination, et point de libertés, du moins point d'audaces. Au bureau il faut de la tenue. L'histoire de la philosophie qu'il y a écrite, article par article, est fort convenable, nullement alarmante, très orthodoxe....Il s'y montre même plein de respect pour la religion du gouvernement. Un bon employé sait entendre avec dignité la messe officielle.

D'autre part, il fait ses ouvrages personnels, et il s'y détend. Ce sont ses débauches d'esprit. Ils semblent tous écrits en sortant d'une très bonne table. Ce sont propos de bourgeois français qui ont bien dîné. C'est pour cela qu'il y a tant de métaphysique. Ils sont une dizaine, tous de classe moyenne et de 'forte race'. L'un est philosophe, l'autre naturaliste, l'autre amateur de tableaux, l'autre amateur de théâtre,...l'autre est ordurier, tous sont libertins, aucun n'a d'esprit, aucun, en ce moment, n'a de méthode ni de clarté; tous ont une verve magnifique et une abondance puissante; et on a rédigé leurs conversations, et ce sont les œuvres de Diderot. ÉMILE FAGUET, *Dix-huitième Siècle.*

153**. MARMONTEL

Marmontel est au premier rang parmi les bons littérateurs du XVIIIe siècle; l'aîné de La Harpe de quinze ou seize ans, il mérite autant et plus que lui le titre de premier élève de Voltaire dans tous les genres. C'était un talent laborieux,

flexible, facile, actif, abondant, se contentant beaucoup trop
d'à-peu-près dans l'ordre de la poésie et de l'art, et y portant
du faux, mais plein de ressources, d'idées, et d'une expression
élégante et précise dans tout ce qui n'était que travail
littéraire; de plus, excellent conteur, non pas tant dans ses
Contes proprement dits que dans les récits d'anecdotes qui
se présentent sous la plume dans ses *Mémoires*; excellent
peintre pour les portraits de société, sachant et rendant à
merveille le monde de son temps, avec une teinte d'op-
timisme qui n'exclut pas la finesse et qui n'altère pas la
ressemblance.

Enfin Marmontel, avec ses faiblesses et un caractère qui
n'avait ni une forte trempe, ni beaucoup d'élévation, était
un honnête homme, ce qu'on appelle un bon naturel, et la
vie du siècle, les mœurs faciles et les coteries littéraires où
il s'était laissé aller plus que personne, ne l'avaient pas gâté.
Il n'avait acquis ni l'aigreur des uns, ni la morgue tranchante
des autres; avec de la pétulance et même de l'irascibilité, il
ne nourrissait aucune mauvaise passion. Sa conduite à
l'époque de la Révolution, et dans les circonstances difficiles
où tant d'autres de ses confrères (et La Harpe tout le
premier) se couvrirent de ridicule et de honte, fut digne,
prudente, généreuse même.

SAINTE-BEUVE, *Causeries du Lundi*, IV.

154**. LA CATHÉDRALE

Il est à peu près certain pour moi, poursuivit Durtal,
que l'homme a trouvé dans les bois l'aspect si discuté des
nefs et de l'ogive. La plus étonnante cathédrale que la
nature ait, elle-même, bâtie, en y prodiguant l'arc brisé de
ses branches, est à Jumièges. Là, près des ruines magni-
fiques de l'abbaye qui a gardé intactes ses deux tours et
dont le vaisseau décoiffé et pavé de fleurs rejoint un chœur
de frondaisons cerclé par une abside d'arbres, trois immenses allées, plantées de troncs séculaires, s'étendent en
ligne droite; l'une, celle du milieu, très large, les deux
autres, qui la longent, plus étroites; elles dessinent la très

exacte image d'une nef et de ses bas-côtés, soutenus par
des piliers noirs et voûtés par des faisceaux de feuilles.
L'ogive y est nettement feinte par les ramures qui se rejoig-
nent, de même que les colonnes qui la supportent sont
imitées par les grands troncs. Il faut voir cela l'hiver, avec
la voûte arquée et poudrée de neige, les piliers blancs tels
que des fûts de bouleaux, pour comprendre l'idée première,
la semence d'art qu'a pu faire lever le spectacle de semblables
avenues dans l'âme des architectes qui dégrossirent, peu à
peu, le Roman et finirent par substituer complètement l'arc
pointu à l'arche ronde du plein-cintre....

J.-K. HUYSMANS, La Cathédrale.

155**. LA CATHÉDRALE (*suite*)

Mais ce que la nature ne pouvait donner, c'était l'art prodigieux, la science symbolique profonde, la mystique éperdue
et placide des croyants qui édifièrent les cathédrales. — Sans
eux, l'église restée à l'état brut, telle que la nature la conçut,
n'était qu'une ébauche sans âme, un rudiment; elle était
l'embryon d'une basilique, se métamorphosant, suivant les
saisons et suivant les jours, inerte et vivante à la fois, ne
s'animant qu'aux orgues mugissantes des vents, déformant
le toit mouvant de ses branches, au moindre souffle; elle
était inconsistante et souvent taciturne, sujette absolue des
brises, serve résignée des pluies; elle n'était éclairée, en
somme, que par un soleil qu'elle tamisait dans les losanges
et les cœurs de ses feuilles, ainsi qu'entre des mailles de
carreaux verts. L'homme, en son génie, recueillit ces lueurs
éparses, les condensa dans des rosaces et dans des lames, les
reversa dans les allées des futaies blanches; et même par les
temps les plus sombres, les verrières resplendirent, emprison-
nèrent jusqu'aux dernières clartés des couchants, habillèrent
des plus fabuleuses splendeurs le Christ et la Vierge,
réalisèrent presque sur cette terre la seule parure qui pût
convenir aux corps glorieux, des robes variées de flammes!

J.-K. HUYSMANS, La Cathédrale.

156***. CALLOT

Callot est si grand qu'il tranche sur tous les fonds contre
lesquels on essaie d'appliquer sa silhouette: architectures
italiennes, paysages lorrains, ouvrages de guerre flamands,
ciels jésuites, batailles espagnoles ou parterres à la française.
Il se détache au premier plan, accoudé à la marge, comme
l'un des personnages énormes de ses compositions molécu-
laires, il semble un roi assistant à une bataille, adossé à
un arbre, un chevalier géant entre les éperons duquel se
livrent des escarmouches de mouches, ou encore un vaisseau
de ligne gonflé de vent forçant le port de la renommée
comme les flûtes de sa célèbre estampe forcent le port de La
Rochelle. Derrière lui, l'époque Louis XIII, avec ses poètes
mineurs, ses Benserade et ses Scudéry, ses Balzac et ses
Conrart, ses comédiens de campagne et ses bergers extrava-
gants, ses Grecs classiques à faux nez bolonais, ses voyous
grimaçants et ses romanciers désordonnés se rétrécit en un
arrière-plan plus exigu encore que ceux des cuivres du
graveur. De Callot, on oublie la technique romaine, puis
toscane, le cousinage avec les petits-maîtres allemands et
hollandais. Au moment où son siècle va se fixer, se durcir
en des disciplines académiques, lui demeure alerte et vivant,
reste homme du xvie, travaillant toujours à la pointe du
burin et à la pointe de l'esprit. Sans ce gentilhomme de
bonne maison qui vivait chez les grands et aimait les petits,
nous ne saurions pas ce qu'étaient alors les gueux.

PAUL MORAND, *L'Exposition Callot.*

157*. L'ÉGALITÉ MODERNE

Ah! la statistique, c'est la première des sciences inexactes!
— interrompit Denoisel que cela amusait de bouleverser
avec des paradoxes les idées de M. Bourjot. — Mais j'admets
tout; j'admets qu'on ait allongé la vie du peuple, et qu'il
mange plus de viande qu'il n'en a jamais mangé: croyez-vous

pour cela à l'immortalité de la constitution sociale actuelle? On a fait une révolution qui a amené le règne de la bourgeoisie, c'est-à-dire le règne de l'argent; vous dites: c'est fini, il n'en faut plus d'autre, il n'y a plus de révolution légitime maintenant....C'est très-naturel; mais, entre nous, je ne sais pas jusqu'à quel point la bourgeoisie est le dernier mot des sociétés. Pour vous, l'égalité politique une fois donnée à tous, l'égalité sociale est accomplie: c'est peut-être très juste, mais il s'agit de le persuader à des gens qui ont intérêt à ne pas le croire....Un homme en vaut un autre? assurément aux yeux de Dieu...et tout le monde, au XIXᵉ siècle, a le droit de porter un habit noir: il faut seulement qu'il ait de quoi le payer....L'égalité moderne, voulez-vous que je vous la résume d'un mot? C'est l'égalité devant la conscription: tout le monde tire, mais trois mille francs vous donnent le droit de faire tuer quelqu'un à votre place.... Vous parlez de privilèges: il n'y en a plus, cela est vrai.... Mais la Bastille aussi est détruite...seulement elle a fait des petits....

L'hérédité, n'est-ce pas? voilà quelque chose que la Révolution croyait bien avoir enterré, un abus de l'ancien régime contre lequel on a assez crié....Eh bien, je vous demande un peu si maintenant le fils d'un homme politique n'hérite pas de son nom et de tous les bénéfices de son nom, de ses électeurs, de ses relations, de sa place partout, de son fauteuil à l'Académie? Nous sommes inondés de fils, enfin! On ne voit que cela: ils bouchent toutes les carrières; ce sont des survivances qui barrent tout....C'est que les mœurs, voyez-vous, défont terriblement les lois.

E. et J. DE GONCOURT, *Renée Mauperin.*

158*. SCIENCE ET PATRIE

Ces quelques mois, qui ont si profondément bouleversé toutes les conditions de notre vie nationale, semblent reculer dans un passé plus lointain encore le sujet de nos études habituelles. On dirait qu'un gouffre soudainement entr'ouvert a emporté à une distance déjà grande notre histoire la plus récente, et les commencements de nos annales nous apparaissent comme perdus dans le drame, comme presque aussi éloignés de nous que l'histoire des nations les plus complètement mortes. Il n'en est rien, messieurs, et l'étude que je vais entreprendre avec vous cette année n'est aucunement dépourvue d'un grand intérêt national et même actuel. Cet intérêt, qui ne faisait pas défaut non plus à nos études de l'année dernière, je n'ai pas cherché alors à le dissimuler; je le mettrai plus en relief aujourd'hui, encore, dans ces circonstances terribles où toute heure qu'on soustrait aux préoccupations patriotiques semble presque une volupté égoïste et illégitime. Je ne crois pas, en général, que le patriotisme ait rien à démêler avec la science. Les chaires de l'enseignement supérieur ne sont à aucun degré des tribunes; c'est les détourner de leur véritable destination que de les faire servir à la défense ou à l'attaque de quoi que ce soit en dehors de leur but spirituel. Je professe absolument et sans réserve cette doctrine, que la science n'a d'autre objet que la vérité, et la vérité pour elle-même, sans aucun souci des conséquences bonnes ou mauvaises, regrettables ou heureuses, que cette vérité pourrait avoir dans la pratique. Celui qui, par un motif patriotique, religieux et même moral, se permet dans les faits qu'il étudie, dans les conclusions qu'il tire, la plus petite dissimulation, l'altération la plus légère, n'est pas digne d'avoir sa place dans le grand laboratoire où la probité est un titre d'admission plus indispensable que l'habileté. Ainsi comprises, les études communes, poursuivies avec le même esprit dans tous les pays civilisés, forment au-dessus des nationalités restreintes, diverses et trop souvent hostiles, une grande patrie qu'aucune guerre ne souille, qu'aucun conquérant ne menace, et où les âmes trouvent le refuge et l'unité que la cité de Dieu leur a donnés en d'autres temps.

GASTON PARIS, *La Chanson de Roland et la Nationalité française: Leçon d'ouverture faite au Collège de France le 8 déc.* 1870.

159****. LE SORT DES OUVRAGES DE L'ESPRIT

Le sort fatal de la plupart de nos ouvrages est de se faire imperceptibles ou étranges. Les vivants successifs les ressentent de moins en moins, ou les considèrent de plus en plus comme les produits ingénus ou inconcevables ou bizarres d'une autre espèce d'hommes. Entre la plénitude de la vie et la mort définitive des œuvres matériellement conservées, s'écoule un temps qui en assure la dégradation insensible, qui les altère par degrés. Elles s'affaiblissent sans remède, et non point d'abord dans leur substance même, car elle est faite d'un langage qui demeure intelligible encore et encore usité. Mais comme il sied dans l'ordre de l'esprit, elles voient s'évanouir l'une après l'autre toutes leurs chances de plaire et choir tous les supports de leur existence. Peu à peu ceux qui les aimaient, ceux qui les goûtaient, ceux qui les pouvaient entendre disparaissent. Ceux qui les abhorraient, ceux qui les déchiraient, ceux qui les persiflaient sont morts aussi. Les passions qu'elles excitaient se refroidissent. D'autres humains désirent ou repoussent d'autres livres. Bientôt un instrument de plaisir ou d'émoi se fait accessoire d'école; ce qui fut vrai, ce qui fut beau se change dans un moyen de contrainte, ou dans un objet de curiosité, mais d'une curiosité qui se force d'être curieuse. L'amateur malgré soi, qui, mû par ses devoirs et ses volontés non voluptueuses, les visite dans leurs tombes de cuir ou de parchemin, sent trop qu'il les y trouble et les tourmente bien plus qu'il ne les ranime, et qu'il leur donne sans espoir, et comme à regret, un sens et une valeur vains et factices. Parfois la mode, qui cherche toujours et de toutes parts de quoi nourrir son lendemain, rencontre quelques nouveautés dans les sépulcres. Pour un peu de temps, elle les entr'ouvre, y puise et passe. Mais ce désir trompeur n'a fait que défigurer un peu plus le triste objet de son inquiétude. A peine en dérange-t-elle l'absence. Ce n'est jamais qu'une méprise qu'elle peut offrir aux défuntes beautés en échange de son caprice.

Enfin la matière même des ouvrages de l'esprit, matière non proprement corruptible, matière singulière et faite des relations les plus immatérielles qui se puissent concevoir, cette matière de parole est transformée sans se transformer. Elle perd ses rapports avec l'homme. Le mot vieillit, devient très rare, devient opaque, change de forme ou de rôle. La syntaxe et les tours prennent de l'âge, étonnent et finissent par rebuter. Tout s'achève en Sorbonne.

PAUL VALÉRY, *Variété II*.

160**. LES CONTRADICTIONS FRANÇAISES

Quand je considère cette nation en elle-même, je la trouve plus extraordinaire qu'aucun des événements de son histoire. En a-t-il jamais paru sur la terre une seule qui fût si remplie de contrastes et si extrême dans chacun de ses actes, plus conduite par des sensations, moins par des principes; faisant ainsi toujours plus mal ou mieux qu'on ne s'y attendait, tantôt au-dessous du niveau commun de l'humanité, tantôt fort au-dessus; un peuple tellement inaltérable dans ses principaux instincts, qu'on le reconnaît encore dans des portraits qui ont été faits de lui il y a deux ou trois mille ans, et, en même temps, tellement mobile dans ses pensées journalières et dans ses goûts, qu'il finit par se devenir un spectacle inattendu à lui-même, et demeure souvent aussi surpris que les étrangers à la vue de ce qu'il vient de faire; le plus casanier et le plus routinier de tous quand on l'abandonne à lui-même, et, lorsqu'une fois on l'a arraché malgré lui à son logis et à ses habitudes, prêt à pousser jusqu'au bout du monde et à tout oser; indocile par tempérament, et s'accommodant mieux toutefois de l'empire arbitraire et même violent d'un prince que du gouvernement régulier et libre des principaux citoyens; aujourd'hui l'ennemi déclaré de toute obéissance, demain mettant à servir une sorte de passion que les nations les mieux douées pour la servitude ne peuvent atteindre; conduit par un fil tant que personne ne résiste, ingouvernable dès que l'exemple de la résistance est donné quelque part; trompant toujours ainsi ses maîtres, qui le craignent ou trop ou trop peu; jamais si libre qu'il faille désespérer de l'asservir, ni si asservi qu'il ne puisse encore briser le joug; apte à tout, mais n'excellant que dans la guerre; adorateur du hasard, de la force, du succès, de l'éclat et du bruit, plus que de la vraie gloire; plus capable d'héroïsme que de vertu, de génie que de bon sens, propre à concevoir d'immenses desseins plutôt qu'à parachever de grandes entreprises; la plus brillante et la plus dangereuse des nations de l'Europe, et la mieux faite pour y devenir tour à tour un objet d'admiration, de haine, de pitié, de terreur, mais jamais d'indifférence?

ALEXIS DE TOCQUEVILLE, *L'Ancien Régime et la Révolution.*

INDEX OF AUTHORS OF PASSAGES

N.B. The numbers refer to passages, not pages

INDEX OF TITLES OF PASSAGES

N.B. The numbers refer to passages, not pages

INDEX OF FIRST WORDS OF PASSAGES

N.B. The numbers refer to passages, not pages

For EU product safety concerns, contact us at Calle de José Abascal, 56–1°, 28003 Madrid, Spain or eugpsr@cambridge.org.

www.ingramcontent.com/pod-product-compliance
Ingram Content Group UK Ltd.
Pitfield, Milton Keynes, MK11 3LW, UK
UKHW012328130625
459647UK00009B/127